国家社会科学基金"十三五"规划2018年度教育青年课题"STEM教育创新实践：中小学机器人课程建设的研究"（CEA180262）研究成果

STEM教育创新与实践

中小学机器人课程建构

王学男　著

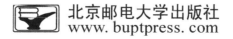

北京邮电大学出版社
www.buptpress.com

图书在版编目（CIP）数据

STEM 教育创新与实践：中小学机器人课程建构 / 王学男著. - - 北京：北京邮电大学出版社，2022.9

ISBN 978-7-5635-6758-4

Ⅰ. ①S… Ⅱ. ①王… Ⅲ. ①机器人—程序设计—教学研究—中小学 Ⅳ. ①G633.932

中国版本图书馆 CIP 数据核字（2022）第 171526 号

| 策划编辑：刘纳新　姚　顺　　责任编辑：廖　娟　　责任校对：张会良　　封面设计：七星博纳

出版发行：北京邮电大学出版社
社　　　址：北京市海淀区西土城路 10 号
邮政编码：100876
发 行 部：电话：010-62282185　传真：010-62283578
E-mail：publish@bupt.edu.cn
经　　销：各地新华书店
印　　刷：保定市中画美凯印刷有限公司
开　　本：720 mm×1 000 mm　1/16
印　　张：11.5
字　　数：159 千字
版　　次：2022 年 9 月第 1 版
印　　次：2022 年 9 月第 2 次印刷

ISBN 978-7-5635-6758-4　　　　　　　　　　　　　　　　　定　价：58.00 元

· 如有印装质量问题，请与北京邮电大学出版社发行部联系 ·

序

当下，人们处于一个技术高速变革和深度融合的时代。自 2017 年以来，全球加快了人工智能商业化的应用与普及，这标志着人类社会进入了智能时代。智能技术变革正成为全人类的时代共识。尤其是随着 5G、大数据、区块链、虚拟现实和人工智能等新一代技术的迅猛发展，技术变革教育的价值和作用日益凸显。教育作为前沿技术的重要实践领域而备受瞩目，科技与教育双向赋能正成为人类教育发展史上的新命题。教育培养面向未来的人才，因此需要人们准确把握未来教育发展趋势。未来教育发展趋势既是其客观发展规律使然，又是相关政策引导的结果。

2017 年，人工智能加快了从研究、实验状态到商业化、产品化应用的步伐，因而这一年被称为"人工智能元年"。自此，人工智能逐渐受到国际社会的高度关注，各国开始大力推进人工智能。2017 年 7 月，国务院发布《新一代人工智能发展规划》，人工智能发展进入新阶段，成为国际竞争的新焦点和经济发展的新引擎。

2018年，《教育部办公厅印发〈2018年教育信息化和网络安全工作要点〉的通知》（教技〔2018〕1号）指出"推进信息技术在教学中的深入普遍应用，开展利用现代信息技术构建新型教学组织模式的研究，探索信息技术在众创空间、跨学科学习（STEAM教育）、创客教育等教育教学新模式中的应用，逐步形成创新课程体系"；《教育部关于印发〈教育信息化2.0行动计划〉的通知》（教技〔2018〕6号）也提出"完善课程方案和课程标准，充实适应信息时代、智能时代发展需要的人工智能和编程课程内容。推动落实各级各类学校的信息技术课程，并将信息技术纳入初、高中学业水平考试"。这标志着基础教育阶段的人工智能教育被提上日程，逐渐从政策层面走向实践。

2019年，教育部和联合国教科文组织合作举办了"国际人工智能与教育大会"，习近平总书记向大会致贺信，指出"人工智能是引领新一轮科技革命和产业变革的重要驱动力，正深刻改变着人们的生产、生活、学习方式，推动人类社会迎来人机协同、跨界融合、共创分享的智能时代"。智能时代成为人类社会发展的关键节点，利用人工智能促进教育变革创新成为推动构建人类命运共同体的重要战略举措。3月13日，教育部办公厅印发《2019年教育信息化和网络安全工作要点》的通知，提出当年将启动中小学生信息素养测评，并推动在中小学阶段设置人工智能相关课程，逐步推广编程教育；同时，推动大数据、虚拟现实、人工智能等新技术在教育教学中的深入应用。

不难看出，这个时代对所需要的人才提出了更高、更新的要求。为此，科技创新人才的培养成为各国科技与教育、社会与经济发展的战略重点。STEM（Science，Technology，Engineering and Mathematics，科学、技术、工程和数学）教育，以跨学科性的突出特征，被视为培养学习者创新能力、批判性思维、协作沟通能力等核心素养的重要教育形式和载体，而以机器人为课程与教学载体的STEM教育既突出编程思维，又重视工程思维和工程素养。以机器人教育为落脚点，以STEM教育为跨学科教育的融合理念基础，成为未来科技发展、人才培养的重要途径。

2015年，"大众创业、万众创新"政策逐步推行后，国家层面对于发展STEM教育的重视程度有所提升，教育部办公厅在发布的《关于"十三五"期间全面深入推进教育信息化工作的指导意见》（征求意见稿）中首次提出要"探索STEAM教育、创客教育等新教育模式"。与此同时，地方政府、社会机构和学校也加大了资源投入力度，我国STEM教育走上了发展的快车道，并取得了一些成绩。随着《新一代人工智能发展规划》的颁布，教育部先后提出"将有关编程教育纳入中小学生必修课程及高考"等政策，并在北京、广州等5个城市进行试点。这被普遍认为有利于推动人工智能在基础教育阶段的发展。但是我国STEM教育还处于萌芽阶段，表现为教育理念的本土化不充分、师资力量较为匮乏，课程质量区域和校际差异大，课程吸引力不强、覆盖面不广。其中，机器人教育，特别是学校的机器人教育在推广与普及层面存在较大的空白和盲区，一度出现了校外培训机构挤压校内教育的情况，这也是教育发展不充分和不均衡的一种体现。究其原因，主要是我们对 STEM 教育和机器人教育的研究还不够深入，尚未就相关基本问题达成共识，未能从战略层面重视 STEM 教育和以机器人为代表的人工智能在基础教育阶段的发展，利益相关方共同推动的发展动力不足。

王学男博士这本专著的研究是基于她个人主持的全国教育科学规划国家青年课题"STEM 教育创新与实践：中小学机器人课程建设的研究"展开的，她对此问题进行了从政策到实践、从宏观到微观、从国际到国内的系统研究。与王学男博士相识，缘于 2014 年统战部党外知识分子建言献策教育小组的青海调研及报告撰写活动，她随陈十一教授、郑新蓉教授等针对"少数民族理科教育的现状与需求"赴青海进行实地调研，并参与调研报告的讨论与撰写。此后，她多次参与教育小组的研讨与调研工作。我发现，王学男博士是一位对教育和教育科学研究有着自己的思考和判断，对待各项工作认真严谨，又饱有热情的青年。

王学男博士的这部专著，正是针对目前中国 STEM 教育理念与实践，对中小学机器人课程的理念、建构与实践进行的系统且深入的研究，承载了她的心血和付出。在一定程度上，这部专著回答了目前学术界和教育界的一些疑问。她经过为期一年的调查与文献研究和为期两年的教学跟踪实践、数据收集、案例分析，扎实、稳步地推进每一阶段的研究，积极努力地形成科学研究成果，有了科学、有效的研究发现。她犀利地提出"加强人工智能基础教育，是应对未来社会发展的必然选择和要求"。在促进教育高质量发展的过程中，人工智能不仅要被作为"术"，提供科学知识与核心技术的内容载体和工具方法，还要被作为"道"，提供观念理念与思维认知，助力"实现人的自由""促进人的全面发展"。

近年来，国家高度重视智慧教育和新基建的建设与发展，密集发布了相关政策、文件并大力推进，智慧教育发展会迎来适时、有力的政策机遇，开放、融合、创新的理念机遇以及崭新的技术机遇。未来，人们需要高度重视"科技与教育双向赋能命题"。在此希望，王学男博士的这部专著能够为"科技与教育共塑未来"的教育发展提供一些可资借鉴的思路。

陶　智

北京航空航天大学副校长、教授

2022 年 2 月

目 录

第一章 绪论 …………………………………………………… 1

  一、研究缘起 ……………………………………………… 1

  二、研究设计 ……………………………………………… 4

  三、研究意义 ……………………………………………… 7

第二章 理论基础 ……………………………………………… 9

  一、从 STEM 到 STEAM 不断加强融合 ………………… 9

  二、学习科学视域下的深度学习 ………………………… 20

  三、核心素养引领课程与课堂教学的改革创新 ………… 29

  四、面向未来的教育变革与省思 ………………………… 42

第三章 中美课标的比较研究及启示 ………………………… 50

  一、美国信息技术课程标准的分析 ……………………… 51

  二、中国信息技术课程标准及实施的调查与分析 ……… 67

  三、比较及启示 …………………………………………… 79

第四章　中小学机器人课程的建构 ················· 92

　　一、现代课程研究的科学化变革与转向 ············· 92

　　二、中小学机器人课程定位与建构原则 ············· 97

　　三、中小学机器人课程目标与内容 ··············· 109

　　四、中小学机器人的课程实施 ················· 129

第五章　中小学机器人课程的教学实践 ··············· 138

　　一、小学机器人课程的教学设计 ················ 140

　　二、初中机器人课程的教学设计 ················ 149

第六章　展望与建议 ······················· 157

参考文献 ··························· 162

后记 ····························· 171

第一章 绪 论

一、研究缘起

STEM(Science,Tecnology,Engineering and Mathematics)教育作为跨学科综合教育的有效形态,已经在美国、英国、德国、以色列、芬兰、日本等发达国家被广泛知晓,并作为国家发展战略及人才战略被实施多年。在 STEM 的基础上,美国学者 Yakman 在研究综合教育时首次提出"STEAM",其中"A"代表 Arts,指美术、语言、人文、形体艺术等,在科学、技术、工程和数学等学科的基础上,更加注重人文性。

从国际总体发展视角看,国际上越来越关注 STEM 教育的应用。当前,STEM 教育的研究和实践仍以美国为主,其他国家多处于起步阶段。国际上,STEM 教育实践呈现出五个特征:从教育理念看,以能力为本;从实施策略方法看,以整合为要;从实践应用看,以项目引领为抓手;从课堂教学看,突出探究学习和创新;从生态发展看,表现为多方、多形式协作。自 20 世纪 90 年代以来,STEAM 教育及其研究风靡美、英、韩等国家和地区。佛罗里达大学研究团队认为,在 STEM 教育中增加艺术教育更有助于学生能力的发展,尤其是创造变革能力、批判性思维和问题解决能力、交流合作能力、灵活适应能力、社交和跨文化能力等的发展;研究还发现,长时间学艺术的学生在升学机会上更有优势。STEAM 的课堂常常是基于真正解决问题的探究学习(Problem-Based Learning,

PBL)或基于设计的学习(Design-Based Learning,DBL),它强调学生在看似杂乱无章的学习情境中发展设计能力与问题解决能力。其间,还可以通过面对面、网络等方式进行。在学习与研究过程中,学生需要亲历信息搜集、数据分析、设计测试、改造制作等实践。美国学者桑德斯指出,在进行STEM和STEAM教育时,技术和工程两方面必须择其一,然后综合科学、数学及艺术等方面的内容构建课程内容,从而实现教育目的。而这里所说的技术,主要指人与技术手段的相互关系。

STEM、STEAM教育被纳入国家战略性发展政策之中,需要在落地实践的过程中本地化和理论化,这明确体现在国家科技战略政策、科学教育政策和教育信息化政策三大领域的政策中。2015年,教育部在《关于"十三五"期间全面深入推进教育信息化工作的指导意见(征求意见稿)》中首次提出要"探索STEAM教育、创客教育等新教育模式"。2016年,教育部在《教育信息化"十三五"规划》中进一步要求"有条件的地区要积极探索信息技术在'众创空间'、跨学科学习(STEAM教育)、创客教育等新的教育模式中的应用,着力提升学生的信息素养、创新意识和创新能力。"2017年,国务院印发的《新一代人工智能发展规划》明确指出,应在中小学阶段设置人工智能相关课程,逐步推广编程教育,建设人工智能学科,培养复合型人才,从而形成我国人工智能人才高地。教育部发布的《义务教育小学科学课程标准》规定,从2017年秋季开始,小学科学课程起始年级调整为一年级,小学一二年级每周不少于1课时,三至六年级的课时数保持不变。科学、信息技术、综合实践等具有综合性的课程均可以成为STEAM教育和机器人的课程载体。据此,从小学开始开设机器人课程已成为落实STEM教育的最佳入口。

第一,我国STEM、STEAM教育和机器人课程的研究并非从零开始,STEM教育虽然由国外学者最先提出,但是与我国课程改革和高考改革的发展趋势是一致的。根据知网统计,目前我国关于STEM的研究早于并多于STEAM的研究,从研究内容来看,主要关于教育理论与管理、教育政策、国外STEM教育的译介等方面;从教育阶段来看,集中于中等教育和高等教育阶段。STEAM 的教育信息化是当下的一大特征,在实践层面中的跨学科和融合教育仍是难题,缺少相应的课程内容和能够胜任教学的教师是主要原因。

第二,机器人教育的研究从 2008 年开始迅速增加,直到 STEM 教育的引入和人工智能的兴起,机器人教育再度成为教育热点。其一,我国的课程改革逐渐走向综合化与多层级,课程内容关注学习者的经验与终身发展,倡导探究学习和项目制学习,以促进能力的养成,考试评价更加注重发展性和过程性。其二,机器人教育被现代教育学家认为是培养学生创造力和想象力的有效工具,集机械、电子、编程、物理、数学、艺术设计等多学科于一体,有助于培养学生的逻辑思维能力、创新精神和实践动手能力,同时也为我国理工科人才的建设奠定了基础,契合了我国课程改革的趋势与需求。

第三,自 2003 年以来,全国近百所中学陆续成为机器人教学的实验学校,在发展过程中,课程的问题与矛盾不断出现。中学机器人教育课程内容主要包括四个方面,即机器人技术基础知识、机器人编程、机器人硬件和机器人的简单应用。自 2017 年起,以浙江为首的部分地区将信息技术(含编程)正式升级为高考项目,部分大学相继开设机器人类专业并将其纳入自主招生之列。以 2022 年《义务教育信息科技课程标准》(2022 年版)的颁布为分水岭,在此之后,"信息技术"更名为"信息科技",这也标志着这门课程在不断优化与调整。

第四,机器人课程的实施与 STEM 理念、核心素养的对接正在逐步形成,但其实践层面仍然面临诸多挑战,以整体的课程体系尚未建立和缺少国家层面的示范引领为首要问题,智能机器人课程多作为校本课程、兴趣小组或社团活动,面向个别群体,由少部分教师自发组织,或由培训机构提供有偿教育服务进行。目前,学校多处于实验室等硬件设施建设阶段,注重环境创设,但是对核心的课程和教师专业发展并没有明确方向,缺乏能够胜任教学的教师,教师没有可教的课程内容(即载体);课程内容主要是学习编程,以 Arduino 平台为基础的服务型机器人为典型,难易程度不合适和学科内容孤立的问题仍然无法解决;主要采取"以赛促学"的形式促进该学科发展,缺乏其他形式的学习、实践和交流平台。

目前,教育实践与研究的重点在于将STEM教育与我国的中小学科学教育有机融合,通过机器人课程落地实施。打破传统机器人课程的表面性和形式化跨学科,真正实现理念、课程与实践三者的有机融合和贯通,并使之适合新的媒介发展、新的教育改革要求和中小学生身心发展规律。

中小学机器人课程构建的难点主要体现在两个方面。第一,将中小学机器人课程与STEM教育理念有机融合,打破学科壁垒和知识孤立的教育惯性。第二,借助"互联网+"的优势,对中小学机器人课程进行设计与开发,并在学校进行长期跟踪的教学实践,从而形成具有实践回应和理论高度的课程体系,让学校易于实施、教师乐教、学生乐学,使之真正走进学校教育,能够面向所有学生。

总体而言,从学科分立到学科融合,STEM教育成了为适应不断变化着的多元世界而提出的有关科学教育的解决策略,STEAM教育则在其基础上更加注重从文化发展和社会情境的角度进行综合教育。在此理念下,以中小学机器人教育为切入点,可以让机器人课程突破原有的束缚和困境。机器人教育从中学阶段向下延伸成为发展的必然,挖掘其与STEM的培养目标、教学内容、教学方法和核心素养的结合点,实现真正的学科融合和素质教育是我国教育教学发展与改革的必经之路和科学技术教育的实践性需求。

二、研究设计

(一)研究对象

本书的研究对象是义务教育阶段中小学机器人课程体系,适用群体为小学三年级至初中二年级(即八年级)的学生,课程体系以STEM教育为理念,以机器人内容为载体,适合中小学阶段学习和实践的课程,包括课程目标、课程内容、课程结构和课程活动方式等。

(二) 研究假设和研究框架

本书基于以下三个研究问题和假设。

第一,整合。机器人教育如何真正与中小学科学,信息技术课程有机整合,既不影响学校日常的科学教学,又可以有效地实践 STEM 教育。

第二,适应。如何开展机器人课程,才能为学生从小奠定高阶逻辑思维和综合实践能力的基础,同时又提高学生的学习兴趣和创造力。

第三,突破。如何将吸引中小学生的网络游戏的特征和机制合理地为机器人课程体系所用,成为对抗网络游戏的正面教育。

研究设计框架如图 1-1 所示。

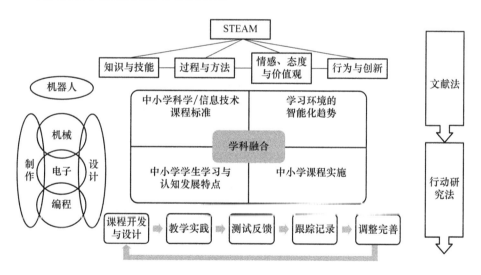

图 1-1 研究设计框架图

(三) 主要目标

第一,基于 STEM 理念,深入系统地梳理当今机器人课程的发展和实施现状，并分析其问题与需要改进之处，以及中小学生在新的媒介环境中和教育信息化的背景下的学习心理与认知行为特点。

第二，本书的研究依据可行性和便利性原则，选择以信息技术课作为试点学科课程，展开准实验研究。首先将 STEM 教育与中小学信息技术课程标准、课程教材进行系统的梳理，然后进行目标、内容、形式与结构的拆解与匹配，为中小学机器人课程的建设提供必要的基础。

第三，针对中小学阶段的机器人课程进行开发与设计，包括课程目标、课程内容、课程结构、课程活动、课程评价、组织形式等，并将其置于 STEM 教育理念和信息技术课程标准中进行分析与有机融合，然后通过教学实践进行检验和完善。

第四，基于教育信息化环境，构建富有游戏化、互动性的机器人课程内容和可持续追踪的评价体系。

（四）基本思路

第一，将 STEM 教育理念与国内外的典型案例、做法进行梳理与分析。

第二，将 STEM 教育理念与我国中小学信息技术课程标准与课程内容进行有机的结合与匹配，形成内容领域关联清晰、阶段目标明确的系统课程体系框架。

第三，将中小学机器人课程的机械、电子与编程三大内容领域及其培养目标进行阶段性划分，并将项目制学习、设计与制作，与 STEM 教育和中小学科学课程标准、课程内容进行有机整合，形成以学校课堂学习为主的课程学习内容，突出阶段性、系统性、连续性和渐进性。

第四，将中小学生的学习认知、社会情感与动作技能等学习科学方面的特征梳理清楚，并进一步了解中小学生游戏化学习、网络化学习的特征和机制，进而将此作为课程建设的主体基础。

第五，结合学校信息化建设(包括"三通两平台"的充分利用)和移动媒体的新环境，将中小学机器人课程的部分内容和学习任务分解到线上,配合线下的课堂学习,以便于学习过程和互动数据的收集与反馈,逐步构建基于大数据的系统化评价与反馈系统。

第六,将上述内容形成完整的课程体系,辅以教学策略的建议,在日常教学中实践,并跟踪其实施过程,然后采用行动研究法不断修改、完善。

(五) 研究方法

1. 文献法。对国内外相关研究、课程标准、课程资源进行检索、梳理与述评,了解已有研究的进展、成果、方法和问题,在既有的基础上进行完善和探索。

2. 行动研究法。在自然、真实的教育环境中,课题组成员将基于STEM 教育理念,融合中小学信息技术课程标准和内容的机器人课程、相应资源及教学策略等设计形成,由一线教师按照一定的程序、结构和方法在日常课堂教学中进行一个学期的实践,同时综合运用多种研究方法(观察法、实验法和个案研究法)与线上、线下的技术(测评追踪课程实施的过程、效果,课题组成员也深度参与课程实践),经过一轮的教学实践后,课题组成员据此进行修订与完善,然后进行下一轮的教学实践,以此类推,循环改进,在行动中解决实际问题并提炼理论。

三、研究意义

本书立足 STEM 教育理念,以机器人课程为载体,响应、配合教育部关于高中信息课程新课标的规划思路,尝试在小学、初中阶段进行系统教学准备,为与高中阶段和高等教育阶段的衔接创造必要的条件。以实证研究为依据,厘清当今机器人教育的课程实施问题,进而分析问题产生的根本原因,构建适合现代教育环境、儿童发展和社会发展需求的开放性、整合性课程框架体系,从而提出一个适应未来发展、深度融合各学科的机器人课程及其教育策略和个性化评价体系。本书是对既往研究与实践的阶段性总结和反思,更是对未来教育发展与跨界融合的探索和创新,具有承前启后的意义和价值。

在学术研究方面,主要致力于理论的本土化和创新,在一定程度上弥补已有研究的不足,为跨学科教育实现真正的理念融合、课程融合和实践融合提供理论框架,对建构主义和联通主义进行本土化阐释与实践回应。本书以机器人课程为载体,对STEM教育与新课程改革、核心素养培养的本土化进行理论化探索。STEM教育理念正可恰如其分地解读新课程改革提出的四维学习目标——知识与技能、过程与方法、情感态度与价值观、行为与创新,这也是对国际评价(PISA、TIMSS)促进的改革实践的回应。

在学术思想方面,试图在建构主义与联通主义的基础上,寻求面向未来的课程载体和教学方式,将跨界的思想、学科融合的趋势和"互联网＋"的优势融入课程建设体系之中,以机器人课程为载体实践STEM教育、拓展科技教育。

在学术观点方面,从宏观的国家层面和教育价值层面定位,突出STEM教育的本土化、普及性与全纳性,注重学生思维方式和综合能力的培养,创新课程教学形式,探索适合我国的、面向每一个学生的机器人课程体系,为培养创新型人才和创新的育人模式奠定必要的基础。

在研究方法方面,主要是基于实证的教育行动研究,充分借助"互联网＋"的优势,将STEM教育理念和中小学信息技术课程标准进行对接,以机器人课程为载体,选取一定数量的省份和学校进行研究和实践,在行动中记录、跟踪数据,并不断改进,循环完善。

在教育教学应用方面,着重于理论与实践的有效对接,服务于实践,提供可推广、可复制的课程方案和教学策略。通过在中小学阶段开展机器人课程来实践STEM教育,机器人课程体系与资源建设是促进中小学生学习与认知、社会情感等全面发展和为教师提供有益的课程和教法的探索性实践。

此外,本书注重借助已有的现代教育技术和"互联网＋"的优势,将课程设计有针对性地面向线上与线下,力图惠及欠发达地区的师生,让每个学生都能够接受最前沿的学习内容和教育理念,促进教育公平。

第二章 理论基础

一、从 STEM 到 STEAM 不断加强融合

1986年,美国国家科学基金会(NSF)发布了名为《本科的科学、数学和工程教育》的报告,强调要"加强大学教育并追求卓越,以使美国下一代成为世界科学和技术领导者",并就此向各州、学术机构、私营部门和作为联邦机构的国家科学基金会提出许多建设性的建议。这是目前最早提出 STEM 教育的一份重要文献(最初的英文缩写为 SME&T)[①]。1996年,美国国家科学基金会对美国大学科学、数学、工程和技术教育进行了十年回顾与总结,并在其发布的报告中提出要大力"培养 K-12 教育系统中科学、数学、工程和技术学科的师资队伍"。2007年10月3日,美国国家科学基金会又发布了《国家行动计划:应对美国科学、技术、工程和数学教育体系的重大需求》报告,针对面临的两项主要挑战,提出两个方面的措施:一是增强国家层面对 K-12 年级和本科阶段的 STEM 教育的主导作用,在横向和纵向上进行协调;二是提高教师的水平和增加相应的研究投入。STEM 教育最初的提出,明确指向本科教育。随着 STEM 教育实施的深入和社会经济与产业发展的需求,其不断向下延伸,覆盖 K-12 的各个阶段。

---

① 玛格丽特·赫尼,大卫·E.坎特.设计·制作·游戏:培养下一代 STEM 创新者[M].张悦颖,译.上海:上海科技教育出版社,2015.

第一，STEM既是分科的，又是整合的。STEM是科学、技术、工程和数学（Science, Technology, Engineerin and Mathematics）的英文首字母的缩写。首先，在内容上，STEM涉及科学、技术、工程和数学四个领域，是这四个领域的综合。在本质上，是对各个具体学科提出了一定的基础要求的。也就是说，如果在某一领域的知识相对缺乏时，若学科融合的STEM教育被实施，那么可能会存在不同程度的挑战。与此同时，STEM又是高度整合的。这四个方面是环环相扣的，科学是根基，技术和工程分别是科学和技术的运用，而数学作为工具运用在科学、技术和工程之中。STEM素养是综合运用科学、技术、工程和数学领域的知识解决实际问题的能力。在形式上，STEM是知识、方法、技能、能力、态度等多元素的综合。没有科学知识为基础就不会有技术的创新；技术的创新没有态度和情感的引导，就缺少创新的动力和创新的价值。所以，STEM素养既不单指知识，也不单指创新能力，而是知识、技能、能力、情感等因素的综合。当然，每个因素又是多种因素的综合，如科学技术知识涉及数学、物理、化学、生物、地球、信息等；技能包括学习与创新技能、媒介数字素养技能、职业和生活技能；能力包括思考与问题解决能力、探索学习能力、科技实践能力、创意革新能力。不同于以往的四个学科，STEM是四个学科的综合，这种综合不是简单的集合和拼凑，而是围绕一个问题或项目，运用多学科知识解决问题，因此是一种综合性的项目学习。在这种综合性的项目学习中，通过运用科学、技术、工程和数学四个学科的知识，将其综合成学生的STEM素养。如美国瓦利市州立大学（Valley City State University）的STEM教育中心官网在对"什么是STEM教育"进行解释时说："STEM超越其首字母缩写所意味的，它远不止于科学探究过程和工程设计过程，是跨学科的，是关于积极学习的，是关于合作与团队工作的，是关于解决实际问题的，它连接抽象知识与学生的生活，整合过程和内容。"STEM教育课程计划旨在使学生参与以活动、项目和问题解决为基础的学习，提供了一种可供学生动手做的课堂体验。学生在运用所学的数学和科学知识来应对世界重大挑战时，会创造、设计、建构、发现、合作并解决问题。美国国家科学院于2014年出版的《K-12年级STEM整合教育：现状、前景和研究议程》提出"STEM整合教育远不是单独的、定义明确的经验，它包括一系列不同的体验，涉及一定程度的联系。这些体验可能在一个或几个课时内，贯穿整个课程，体现在单一学科或整个学校中，包含于校外活动中"。由此可见，美国的STEM教育经历了从理念到课程再到实施，不断实践、不断落实的过程，其中最突出的挑战在于师资的STEM素养。

第二，STEM不断拓展，从STEM到STEAM，不断强调融合（如图2-1所示）。STEM应培养科技人才，应对国际科技竞争而兴起，因此最初STEM指向科学技术教育和创造、运用。但鉴于科技的两面性，科技需要人文进行引导，因此STEM就增加了Art，变为STEAM。Georgette Yakman认为，原有的STEM教育只关注项目本身（What & How），而忽略了对人本身和背景的关注（Who & Why），STEM在跨学科知识的广度和深度上仍存在着一定的局限性，并且在其教学过程中缺乏一定的趣味性、情境性和艺术性。因此，她将艺术（Arts）与STEM进行有机融合，并于2006年提出了STEM教育理念。后来，美国把"A"也吸纳进去，赋予了它更广泛的含义，不仅指艺术，还包括人文、语言、文化、社会学等十多门学科。"A"的加入，不仅培养学生对科技的向往和热爱，对STEM领域的态度和兴趣，而且引导学生形成正确的科技观、科技运用观，防止其在创造技术时，又被技术所异化，成为只有技术而无人性的单面人。也就是说，从STEM到STEAM，实现的是从理工科的"小综合""小整合"到跨越人文社会和自然科学的"大综合""大整合"。因此，可以说"整合性"是STEAM教育的核心精神。

STEAM教育具有以下三个主要特征：①跨学科性。STEAM教育以项目主题为起点，将各领域内容围绕主题融于项目活动之中。在人文与理工领域的对话中，学生以更加包容和开放的心态去思考问题，能够激发更多的创新潜能。在创造性的探索活动中，学生不断累积丰富的人文知识和审美经验，实现科学素养与人文审美素养的综合发展。②情境

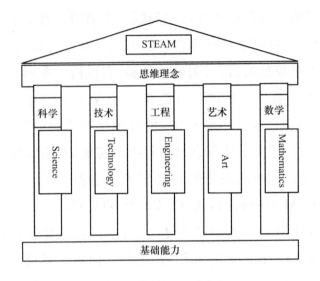

图 2-1 STE(A)M 的融合性结构

性。在 STEAM 教育中,学生所面临的问题往往是真实的、复杂的、多阶段的[①]。项目主题是基于真实生活情境做出的选择,整个活动过程注重学习与现实世界的联系,以及在合作基础上的动手体验。通过 STEAM 教育,学生学到的不仅是学科的知识体系,还提高了在生活中发现问题并运用创造性的方式去解决实际问题的能力。③合作性。在 STEAM 教育中,问题的解决离不开合作。在项目学习的准备阶段,学生需要与他人交流沟通,分工合作;同时,以小组为单位,搜集材料、数据,并提出假设。在实际的活动过程中,学生要与教师、组员共同讨论并商定下一步的计划。项目活动完成后,相关的评价与反馈也是以小组为单位,而非以个人为单位进行[②]。

STEM 教育围绕着"整合""融合"的核心精神,内涵和外延也在扩大。美国学者 Linda 指出"工程和科学自身就要求用一种充满艺术的方

---

① 徐韵,杜娇.从科艺综合活动到 STEAM 教育:对学校教育中艺术与科学融合的本质反思[J].现代教育技术,2017,(11):39-44.

② 师保国,高云峰,马玉赫.STEAM 教育对学生创新素养的影响及其实施策略[J].中国电化教育,2017,(4):75-79.

式综合运用想象力、创造力和独创性"①,除了 STEM+A,还可以有 STREAM(R 代表阅读),STEMM(M 代表医学),STEMSS(SS 代表社会研究)。换言之,艺术并不是艺术学科独有的内容,STEAM 教育最重要的价值在于为 STEM 教育增添了社会视角和审美情趣。可见,与其说 STEAM 是一门综合课程,不如说是教师在进行科学教学时,基于艺术的一种观察角度和解决方案②。如在全球 STEMx 教育大会中,STEM 后的"x"就是最明显的体现。这里的"x"代表计算机科学、计算思维、调查研究、创造与革新、全球沟通、协助及其他不断涌现的 21 世纪所需的知识与技能,"其他不断涌现的"表示出一种极大的"包容性"③。STEM 教育的实施正在越来越多地与信息技术与通信技术(ICT)结合,而技术的引入为 STEM 教育的实施提供了更丰富的方式和途径。教育技术的革命正在为学生创造更有效的学习方式,让学生更好地理解、学习如何与"真实世界"建立联系,并向他们提供有助于其更彻底、深入地进行学习所必需的工具。

第三,STEM 教育的目标在于培养主动学习、学以致用的创新型人才。STEM 课程在于综合运用各门学科的知识解决现实问题,这是它的突出优势,但同时其在结构化、系统化的学校教育中也面临一定的挑战,即各门学科都用到,但无法获得系统的学科知识。如果没有分科课程保证学生获得系统的知识,仅靠 STEM 课程,学生不可能有效地掌握系统的知识;如果没有系统的学科知识,也谈不上学生会综合运用知识解决实践问题和进行科技创新。STEM 是科学、技术、工程和数学的综合,之所以对它们进行有机整合,不仅因为它们是解决实际生活问题和科技问题的需要,还因为这四门学科具有相通性和渗透性,它们本身在解决实际生活问题和科技问题时就是一个天然的整体。因此,整合是 STEM

---

① D Brienne,Goldman S V . Science and Children,28[J]. Science & Children,1990,28(Aug):28-29.
② 周由游. 从 STEM 到 STEAM,美国科学教育特点分析及对我国教育装备开发的启示:以三堂 STEAM 课堂设计为例[J]. 教育与装备研究,2017(7):89-93.
③ 玛格丽特·赫尼,大卫·E. 坎特. 设计·制作·游戏:培养下一代 STEM 创新者[M]. 张悦颖,译. 上海:上海科技教育出版社,2015.

的最突出特征和要求。整合不是四门学科的汇集，它强调对知识的综合应用和对学科之间关系的关注。将重心放在特定问题或主题上，强调利用科学、技术、工程和数学等学科相互关联的知识解决问题，试图从多学科知识综合应用的角度提高学生解决实际问题的能力，从而在现实问题的情境中进行探究，这有助于提高学生主动学习的积极性和保护学生的好奇心、求知欲。

第四，本土化理解学科融合教育。20 世纪 80 年代兴起于美国的 STEM 教育近年来开始在中国流行，一些中小学开设 STEM 课程、创客课程或社团，尝试引入或实施 STEM 教育。这是主动顺应国际教育发展趋势的实践探索，但如果不能正确理解 STEM 教育的核心精神，不能立足中国实际对其进行理解与应用，就会出现"橘生淮南则为橘，生于淮北则为枳"的现象，或者盲目追随西方的现象。因此，准确、恰当地理解融合教育是切实开展 STEM 教育的基本前提和逻辑共识。STEM 课程是通过对科学、技术、工程和数学四个领域的整合而形成的综合性课程。根据其综合的程度相应地形成了相关课程、融合课程和核心课程等不同模式和类型的课程。只有从课程设置的目的、课程本身及其教学策略三个方面分别展开，才能完整地把握和理解 STEM 教育的内涵与要求，科学、合理地实施 STEM 教育。

2019 年 10 月 19 日，中国教育科学研究院中国 STEM 教育研究中心在第三届中国 STEM 教育发展大会上发布首份基于全国范围内（包括港澳特区）的大型抽样调研报告——《中国 STEM 教育调研报告》，其指出：①STEM 教育理念得到了广泛认可，但能力自评相对保守；②男生比女生对 STEM 更感兴趣，小学生比中学生对学校的科学课、科技社团或竞赛更感兴趣；③不同教龄的教师对 STEM 教育的态度存在显著差异，STEM 作为一种近年来在国内兴起教育理念和模式，对教学和学习的创新性要求较高，年轻教师接受和理解起来更容易，表现更为突出；④STEM 课程以项目式学习为主，以 STEM 专门命名的课程较少；

⑤STEM教育教材师资、培训指导需求巨大①。由此可见,在学校中进行STEM教育的主要挑战,同样集中于课程设置与教师专业能力建设方面。

根据上述实际情况可以初步判断,与分科课程相对,STEM是一种综合性课程。在我国,它与分科课程的关系目前主要存在两种认识:一种是以STEM课程取代传统的数学、物理、化学、生物等分科课程,对其内容进行充分整合,组成一门新的STEM课程;另一种是把STEM课程作为一种后设课程,即在分科课程之后设置的课程,指学习者在学习分科课程之后再学习STEM课程。前者以STEM课程取代与科学、技术相关的分科课程,后者则是在分科课程的基础上,综合运用STEM的知识,研究和解决工程问题。在学生不同年龄阶段,教育者需要采取不同的课程模式开展STEM教育。在小学高年级阶段和初中、高中教育阶段,乃至于大学阶段,学校教育更倾向于把STEM作为分科课程之后的后设课程,是对分科课程知识的综合运用,进行科技创新,解决实践中的问题。但并不主张用STEM课程取代分科课程,因为分科课程以学科知识本身的逻辑来组织,它使学生能够集中、快速有效地获取系统的基础知识,其劣势就在于没有任何一个现实问题是能够运用一门学科的知识解决的。学生对分科知识掌握得越系统,解决实践问题时综合运用知识的能力就越强。所以,STEM的综合是建立在学科基础上以及学科与社会、学科与个人之间的联系上的。而在小学低年级阶段,甚至是学前教育阶段,STEM教育的重点则是对生活实际问题的解决和感知,而对于科学知识的抽象理解和科学表达的要求可以相对放缓。此外,还需要注意三点:一是整合必须明确,二是支持学生学习单个学科的知识,三是整合并不一定越多越好。

第五,美国高校STEM教育实践的经验探索。大学教育在一定程度上引领着基础教育的发展方向。STEM教育理念最早是美国政府提

---

① 中国教科院STEM教育研究中心.中国STEM教育调研报告(简要版)[R].2019(10).

出的教育倡议,其在美国的重要性不亚于中国的素质教育,美国很多高校都有相应的课程体系。而21世纪的大学应该有更多的思考,并聚焦于如何变更教育方式和教学方法。这种思考被应用于实践是对跨学科之间的教育做出的努力和尝试,不再将教育简单地局限于单学科的教育,不再把它置于传统的教育模式中。因此,以杜克大学为例,可以用三个形容词概括其变革的特征:广泛性、灵活性、适应性。首先是教育理念的转变。不管是什么学科,它们所追求的目标是如何做好以解决实际问题为导向的教学,如何能够不断地获得新的思考能力,这是与之前完全不同的理念。这就更加突出了教育重心的转变以学生为导向、以学生为中心。学生通过调研,寻求解决问题的方法,获得对真实世界现状的认知,构建以证据为基础的解释。STEAM较STEM多了一个A,这个A代表艺术(Art),这样能给学生提供更加融合的创新型思考的机会,学生会有更加全面的观点。例如麦肯锡公司在给客户提供方案时发现,有些客户会觉得他们提供的咨询方案比较陈旧,无法满足客户的需求。这促使麦肯锡扩大了招聘专业的范围,像历史类、文学类、人文科学等;美国通用公司,也非常强调想象力这个理念,着力强调除了科学、生物、物理等一些相关技术学科之外,还有一些人文学科,跨学科人才的聘用对公司的未来也起到了至关重要的作用。

STEM 1.0到STEM 4.0是一个从浅度融合向深度融合发展的过程。STEM从1.0、2.0到3.0、4.0的过渡,从跨学科、交叉学科中产生了很多新的学科。其中2.0阶段还有很多学科,但是经过3.0阶段的重组、整合,到了4.0阶段时,相关专业就被融合成科学、技术、工程、数学,成了综合性学科。其中,STEM 3.0阶段是一个非常重要的阶段,因为它打破了传统思维,无论是在教学中,还是在平时的学习中,都创造了一个新的局面。在STEM 4.0阶段,当人们做案例分析时可以看到生物、化学、物理、数学等学科交织在一起,所以学生就可以在解决问题时很好地将上述学科进行整合,或者将更多的学科进行整合从而应用。在应用这四个学科甚至更多学科知识的同时,问题也就变成可以解决的了。

过去,科学可以被演化成四个序列,分别是物理、数学、化学和生物,也有很多相关的其他交叉学科。因此,解决一些边缘化交界的问题就变得非常困难。21世纪的教育发展与之前的教育发展截然不同,人们有更为复杂的真实世界的问题需要解决。无论是在基础教育界还是高等教育界,优秀的教师都致力于在融合的过程中建模,这可以形象地表达为图2-2中的三种模式。那么问题的来源不仅是学生,还可能是教师。学生非常年轻,思维更加活跃,都是数字时代的"原住民",接受新鲜事物的能力比较强,可能对这些STEM教育相关的潜在特质比较容易接受。教师作为新的理念引导者,有了新的挑战。这就要求教育行政部门和学校给教师提供更广阔、新颖的平台,让他们有机会通过专业的在职培训来教授21世纪的学生。

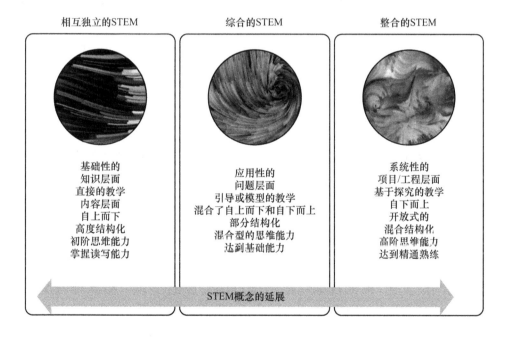

图 2-2　STEM 的三种模式

从图2-3中可以看到,2013—2014年,STEM 2.0还限于学习分析能力、移动学习、网上学习、可视化及远程实验室等;2015—2016年,STEM 3.0

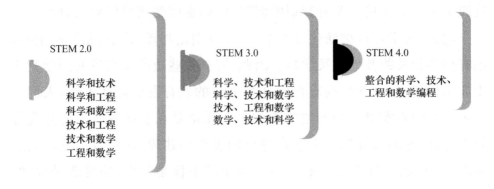

图 2-3　STEM 的学科迭代

教育更多聚焦于 3D 打印、游戏及游戏化学习，还有可穿戴技术，以及智能化和平板计算机的学习方面。2017—2021 年，STEM 4.0 再次升级，这一阶段人们更加了解灵活的选择方式，如物联网、虚拟现实、数字孪生等，但是放眼未来，其还会通过更快速度、更大范围、更深程度的学科领域的整合，不断涌现新的技术，给教育提出更大的挑战。

归根结底，应对挑战的根源在于人们如何培养下一代以适应将来更加变幻莫测的社会变革。而跨学科、跨文化地对学生进行培养，培养使每个学生受益终生的核心素养与关键能力，有助于他们在将来能够解决更加复杂的问题。

不断变化和拓展的学习空间和学习方式正在重构教育关系。当下，人们面临着更加复杂的背景和文化，但这些都会转化成人们对学生进行教育的重点。而更加深刻的变革在于重新定义教育的方式，教育不再是仅仅发生在教室中的事情。当学生在面对计算机和网络的时候，其可能不再只是浏览计算机上所显示的信息，更多的是在海量的信息中快速地检索与判断真伪，根据目标完成一份协同完成的工作。在此种情况下，教师在课堂中的角色与地位就有所转变，逐渐转变成整个探究活动的倡导者，引导和鼓励更多精通技术的学生在一个真正的问题驱动、技术赋能的学习空间中学习。此外，教学空间也会发生变化，不仅局限于上课的教室，而且越来越多的学习活动将与在线学习和面对面学习结合起来，减少了固定不动的教育场所，空间被更加多元化、多维度地利用。在我国传统的教育模式和尊师重教的传统文化中,教师是一个非常受尊敬的角色,其在教室里传授知识时,还需要更多地教授学习方法。在未来的教育关系中,教师的教学重心应向学生主动性倾斜,此时教师更多的是一个引导者,更多关注学生自身的思考。

STEM课程设置模式使得从高校到中小学的融合探索不断深化。在传统的课程设置模式中,人们主要依据洛克的"白板说"。该学说认为,学生可以被看作是一个空容器,教师需要不断用新的知识来填满容器,然后不断重复。但是在STEM课程设置模式中,这种教育模式发生了变化——以教授为中心的教育模式让位于以学生为中心的主动学习模式。其通过结束内容繁复的课程来减轻学生的认知负担,教师的主要工作不再是要求学生跟他们有同样的想法,而是鼓励学生有属于自己的独立的观点。主动学习、动手学习、同伴学习等方式开始代替课堂教学。通常是教师提出问题,学生选择学习小组,通过小组讨论、交流进行学习(如图2-4所示)①。

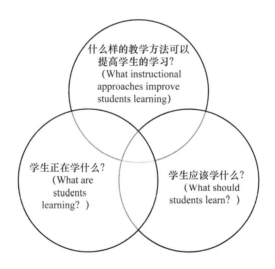

图2-4 STEM课程教育模式的重点

---

① 系Dr. Simon在中国教科院主办的第三届中国STEM教育发展大会上的主题演讲,摘自中国教科院公众号的科教文摘栏目(2020-05-12).

STEM教育经历了多重的深化发展，从教育理念到教育实践，从国际比较到本土转化，从国家战略到教学改革，从高等教育到基础教育，其已实现了多层次、多角度、多方面的突破。全球化的不断延伸扩展带来了一系列问题，如新冠疫情反复、清洁能源减少、气候变化多样等，这些都需要采用打破传统学科思维局限的解决方案。基于此，STEM教育也被寄予厚望。始于美国高等教育阶段的STEM，也将随着我国本土化的探索实践，向更加科学、系统的理论，创新可行的实践，融合系统的课程，以学生和学习为主的教学关系的方向转变，从而可以更好地应对未来。

二、学习科学视域下的深度学习

随着我国学生发展核心素养的提出，深度学习开始备受关注。佐藤学曾说"20世纪的教师是研究'教'的专家，21世纪的教师应该是研究'学'的专家"。于20世纪90年代出版的《学习的革命》指出"怎样学习"比"学习什么"更为重要。每个人都要找到与自身特点相匹配、适合自己的学习方式，才能更高效地学习，才能享受学习的过程和结果。因此，在学习科学视域下，深度学习指教育领域中学习理念、学习关系和学习方式的变革。

关于深度学习，我国传统教育有着丰富的论述。如强调学习动机和情感重要性的《论语·雍也》言："知之者不如好之者，好之者不如乐之者"，其强调从学到习、从知到行的深化，以及多样化的学习策略。《礼记·中庸》言："博学之，审问之，慎思之，明辨之，笃行之。有弗学，学之弗能，弗措也……"，其强调反思、融会贯通、知行合一的具身学习。《荀子·劝学》言："君子博学而日参省乎己，则知明而行无过矣""君子之学也，入乎耳，箸乎心，布乎四体，形乎动静"。这些论述涵盖了深度学习的所有要义，为全面理解深度学习带来了诸多启发。

对于深度学习的现代概念，不同学科或研究共同体各有界定，目前尚未达成共识，但就中小学生的深度学习而言，其存在普遍认可的理念。譬如，深度学习包括高阶认知，倡导"为理解而教"的美国学者威金斯和麦克泰明确提出目标起点就是理解；包括积极投入，倡导"具身学习"的学者强调情感、体验、全感官的参与；包括真实情境，素养导向的教学要求把学生要学的知识与真实生活关联起来，强调只有经历知识运用或技能应用的学习才有深度；包括反思，它不仅是学生个体将所学知识、技能内化为关键能力、必备品格与价值观念的必经之路，还是个体形成自身元认知、心智习惯、成长型思维的唯一路径。艾根（K·Egan）认为，只有在充分广度（Sufficient Breadth）、充分深度（Sufficient Depth）和充分关联度（Multi-Dimensional Richness and Ties）上发生的学习，才是有"深度"的学习[1]。澳大利亚学者比格斯和柯利斯等人基于皮亚杰的认知发展阶段理论，建构了一种可见的学习结果结构（Structure of the Observed Learning Outcome，SOLO）。其把学生对于某个问题的学习程度从能力、思维操作、一致性与收敛、应答结构四个方面划分为五个水平，为理解深度学习的现代概念提供了直观视角。第一水平意味着学习没有发生，第二、三水平是浅表学习，第四、五水平是深度学习。依据这一模型，人们可以解释第二、三水平通常指向单个知识点的目标，而第四、五水平指向素养目标，是知识的关联、应用与创新。"可见的学习结果结构"模型也为核心素养的测评提供了学理证据与可能[2]。作为释放学生学习潜能、培养学生创造力的过程性学习，深度学习的评价方式应当帮助学生明确"我是否真实地在学习""我已经取得了哪些进步""我如何做能够表现得更好"等系列问题。作为一种促进学生学习的评价方式，学习性评价能够把握学生的学习过程，提供及时而有效的反馈，给予可解释的实证性参考依据，帮助学生日后提高和改进学习。学习性评价将学生的思维从"幕后"引向"台前"，已经从传统评价对学生认知能力

---

[1] Kieran Egan. Learning in depth: a simple innovation that can transform schooling[M]. London, Ontario: The Althouse Press, 2010.
[2] 崔允漷. 新课标新高考如何建构"新教学"[N]. 中国教育报, 2019-08-30.

的关注,发展到对包括学习动力、毅力和能力在内的学习力的审视。

面向质量的学习性评价,从教师的单主体式评价,转为以学生主体的同侪评价和自我评价。以学生为主体的评价方式,有助于学生在学习中把握重点、主动倾听、积极思考、锻炼表达、促进认知、丰富情感。对此,有教师坦言"我认真思考过如何让学生对自己的学习具有自主性。我现在更多地在考虑让学生了解一堂课的目标以及他们需要做什么才能达到这一目标。这样,他们就必须思考他们知道什么,并对自己的学习负起更多的责任"[①]。面向质量的学习评价,是学生主体性发展评价的集中体现,强调教师的教学内容和教学进程应当与学生的思维发展水平一致。彼格斯(J. B. Biggs)等人提出的可观察的学习成果结构理论,扎根不同阶段学生的实际学习过程,从能力、思维操作、一致性与闭合、应答结构等四个方面对学生的回答水平做出区分,判断学生的思维结构处于何种发展层次之上,并予以解释说明[②]。以分类理论为代表的学习质量评价,向学生提供了基于个体认知的思维地图,客观性地反映了基于学生个体的学习水平,并为教师教学设计的改进和调整、学生深度学习的发生和维持提供了分析框架。

深度学习作为智能教育时代的重要特征之一,在许多领域引发了跨越式发展的科技革命和变化,在教育教学领域引起了人们的高度重视。深度学习能力作为一种重要的学习能力,是衡量学习者"有效学习"与"学会学习"的重要因素。深度学习是一种学习理念和学习方式,指向复杂的技术环境与真实的社会情境,倡导学习者根据自己的个性特点与已有的知识结构,结合自身现实需求与兴趣爱好,在理解的基础上运用多元化的学习方法与策略来深度掌握内在含义、理解复杂概念、加工知识信息。通过在新旧知识、多渠道信息以及多学科知识之间建立内在的联

[①] 丁邦平.学习性评价:涵义、方法及原理[J].比较教育研究,2006(2):4.
[②] 约翰 B.彼格斯,凯文 F.科利斯.学习质量评价:SOLO 分类理论[M].高凌飚,张洪岩,主译.北京:人民教育出版社,2010.

系来主动建构新的知识体系,可以促进高阶思维能力的发展和学习目标的达成,并能够将所学知识应用到真实情景中,从而解决现实的复杂问题①。

目前,公认的是,国外教育领域中的"深度学习"的概念最早由来自瑞典歌特堡大学的马顿(Marton)和萨乔(Saljo)提出,他们在1976年研究大学生做大量散文阅读的实验时发现,学生在学习过程中处理信息的能力和水平存在浅层和深层的差异。当学生使用浅层学习策略时,其只能获得对问题的浅层回答,学习过程表现为机械的死记硬背。当学生使用深层学习策略时,其能关注到文章主题和主要观点。两位学者由此提出了"深度学习"的概念,指出深度学习是一个知识的迁移过程,有助于学习者提高解决问题并做出决策的能力②。

20世纪末,美国学习科学开发委员会编写的《人是如何学习的——大脑、心理、经验及学校》(*How People Learn: Brain, Mind, Experience and School*)一书,特别强调了知识建构的情境性和社会性,"认知心理学应该做出更加现实主义的转变,主张以生态学的方法取代信息加工的方法,强调研究自然情境中的认知,更多地关注环境对于智能的影响",应当从"实验室研究"向"真实的学习情境"转变,而"有关认知与学习的情境理论已成为一种能提供有意义学习并促进知识向真实生活情境转化的重要学习理论","所有学习离不开特定的文化模式、社会规范和价值期望,这些情境以强有力的方式影响着学习和迁移"③。所有这些关于学习的阐述,都是对认知心理学"信息加工"理论的纠偏或完善。

深度学习是一种丰富学生精神生命的学习,是学生自觉而自为地建构意义的学习④。关于如何走向深度学习,学生的学习兴趣、困惑和意义

---

① 王伟.课堂深度学习的实践归因与提升策略[J].教学与管理,2019,(7):18-21.
② Marton F, Sajlo R. On qualitative differences in learning outcome as a function of the learner's conception of the task[J]. British Journal of Educational Psychology,1976,46(2).
③ 布兰斯福特.人是如何学习的:大脑、心理、经验及学校(扩展版)[M].程可拉,孙亚玲,王旭卿,等,译.上海:华东师范大学出版社,2012.
④ 钱旭升.论深度学习的发生机制[J].课程·教材·教法,2018,(9):68-74.

是深度学习发生的前提、关键和条件。

学习兴趣是深度学习发生的前提。深度学习首先强调的是学生"乐学""愿学",视学习为志业,以积极、投入、自觉的心理状态从事其中的活动。一直以来,人们将学习视为学生发展的客体性存在,将学生的成长等同于知识的堆砌,认为学习就是学生以"应付考试"的心理识记知识,致力于获得高分的过程。教师押题、学生背题,过度追求量化考核……其结果是师生集体性重知轻能、重智轻德。深度学习的发生需要走出教育"GDP 主义",使学生在学习中真正获得幸福感。"以人为本"的生本化课堂之所以能够摆脱技术化、工具化教学的规限和束缚,是因为它关注学生的学习兴趣,激发学生的学习动机并予以维持。"兴趣"不同于"乐趣",它是人们对事物产生持久关注,并一以贯之地付诸行动的心理状态。卢梭(J. J. Rousseau)将"兴趣"和学生的成长体验紧密联系在一起,称学生从事某事是发自内在的意愿,而非习俗、纲常和强权的要求。赫尔巴特(J. F. Herbart)提出"兴趣的多方面性",既强调活动过程中的审视凝神,又提倡基于内在积极性的多样化追求。杜威(J. Dewey)所说的"兴趣"是学生成长中不可或缺的,它与明确的目标、坚定的行动紧密相关,是人的内在专注和外在毅力的有机融合。因此,学生面对的学习材料需要超脱符号演绎的知识结构,教师要关注学生的学习体验,充分考虑教学内容与学生现有能力的关联度,结合学生不断变化的认知结构和思维路径进行设计,使之呈现出心理学化的特点。教师应从知识教材的"搬运工"转变为学生心智启发的"引导者",善于发现并根据学生不断变化的学习需求,将原本抽象化的知识化解为实物化的操作和形象化的讲解,按照经验和科学、归纳和演绎、组织和关联、比较和分类的方式,打破学生学习内容和心理发展状态的隔阂,使之对学习产生迷恋。学生应在"要我学"到"我要学"的行为转变中,逐渐树立起主体性、生命性立场,并参与到学习体验之中。

操作性原则可概括为以下三点。

第一,真实地学。这是深度学习可能发生的基础。实际上,课堂教学中存在大量的虚假学习现象。华东师范大学教授崔允漷曾说,教师在平时的试卷讲评中很容易使学生"假"学习,让学生把解题过程抄一遍,但在这个过程中学生的思维问题没解决,于是在下一次考试中,同样的问题可能依然会做错。虚假学习是只有结果没有过程的学习,是为了迎合或取悦教师的学习。当这种现象大量存在的时候,学习就需要一场"打假"行动。教师想要减少学生的虚假学习行为,就要聚焦学生的学习世界,借用佐藤学所说的"以蚂蚁之眼来观察学情、观察学习",发现和了解学生学习的困境。学生只有走进真实的课堂现场,才能发生真实的学习。而真实的学习发生的前提是发现问题,如果学生没有发现问题,主动学习就没有发生;如果合作学习时自说自话,合作学习就没有发生;如果展示发表时缺少倾听,真实学习就没有发生。

创设或应用真实情境进行深度学习。这就要求教师提升教学设计的站位,从"知识点"上升到"能运用知识做事即指向素养的课程单元",这必然涉及教学方式的同步变革,其标志是真实情境的介入与深度学习。真实情境介入的实质就是将知识学习与真实生活连接,联通知识(符号)世界与生活世界,让学生感觉到知识易学、有趣、有用,对个人发展与社会进步均有意义。"真实"不单针对当下或个体生活,还远及人类社会未来将面对的不确定的生活世界。"情境"既可作为教学手段,把学生所学知识条件化,便于学生的学习和记忆,又可作为教学或评价的真实任务环境或背景,便于学生实现学以致用或检测学科核心素养。教师无须也不可能每堂课都引入真实情境,但在开展单元教学时应强调真实情境的介入,不仅要求真实情境的介入,还要求经历深度学习。指向素养的学习必然是深度的,虚假浅表的学习不可能实现素养目标。真实情境只是深度学习的必要不充分条件,是外部因素而非内部因素。

实践证明,学校课程如果脱离真实情境,会导致"用不言语的方法学外语、用不科学的方法学科学、用不思维的方法学思维、用不艺术的方法学艺术"。众所周知,因为科学实验没有进入中考和高考,所以有些人认为学科学"只要会解题,实验不重要",结果中小学生"物理不碰'物'(物体),化学不见'化'(变化),生物不懂'生'(生命)"。如此脱离真实情境的科学学习,难以提升学生科学素养。例如,在生物学习中,学生熟记何为细胞、遗传、三磷酸腺苷(ATP),却不知何为生命,缺乏生命观念和社会责任感,教学无法真正实现人才培养的目标。

第二,充分使用工具学。注重高阶思维的训练并加以可视化,学习的本质是思维的发生,而这一过程可以通过支架和工具辅助完成,以"问题"为思维起点。教师需要给学生一个思维的工具箱,里面有很多可视化的工具让学生选择。例如,思维导图、思维图、鱼骨图、六项思考帽、康奈尔笔记法等,这些工具可以更高效地支持学生的学习,更切实地支持学生进行深度的思考。杜威认为"学习就要学会思维。思维的缘由是遇到了某种困惑"[①]。"惑"是新事物、新概念、新命题等新异的学习对象,在学生的认知实践活动中,因为与学生已有认知结构发生不协调而产生的非正常心理活动现象。但在现实中,学生面对教师或家长关于"还有没有什么不懂的地方""还有什么问题"的询问时,常以沉默或摇头予以回应。这时,学生学会批判、敢于质疑,就显得尤为重要。在现实中,学生无"惑"往往事出有因。其一,新产生的外在刺激,已经被学生既有的认知结构所覆盖,是"同化"境域下的学习;其二,学生在学习过程中缺少积极思考和主动投入,未能激发自身认知结构的"紊乱",是"惰性"思维下的学习;其三,学生在有限的知识能力基础上,更多地"服从"教师和书本(无论是否出于权威的震慑),是"接受"意识下的学习;其四,学生担心问问题会被别人讥讽为"学习能力差""之前没认真听",是"面子"心理下的学习。这些无"惑"的学习,无论在内容上,还是在方法上都无益于学生的思维发展,也难以实现学生学习过程的"深入",更遑论学生学习结果上的"深度"。

学生将内心的"惑"予以显性化,就是"问题"。与内隐于心的"惑"不同的是,"问题"具有一定的条理化组织结构。乔纳森(D. H. Jonassen)

---

① (美)杜威.我们怎样思维·经验与教育[M].姜文闵,译.北京:人民教育出版社,2005.

将问题分为结构良好问题和结构不良问题。那些具有明确而详尽的指示语、限定而程式化的逻辑规则、唯一而确定的答案组成的结构良好问题，只能是对知识的描述和领会，难以超脱书本教材的范畴，进而引发学生的积极思考。因惑而生的问题，来源于具体情境中的"实在"或处于认知困境有待于进一步假设验证的"学识"。张奠宙认为，"好"的问题应具有挑战性、可参与性、趣味性、探索性、开放性和合作性等几方面特征[①]。这意味着学生的学习不能仅停留在识记和领会层面，满足于对已知概念和事实的储存、提取，而是应加强对理智能力和理智技能的培养，能够对知识进行创造性运用、批判性分析、系统性整合和鉴赏性评价。

第三，整体地学。即要求走出碎片化学习的误区，以单元设计为策略实行基于素养本位的大概念整体教学。中国教育学会副会长尹后庆指出，单元设计就是把碎片化的知识结构化，与生活联系起来，与学生学的过程以及在这个过程中的体验可能性结合起来，通过分析、设计课程和课程的实践及评价，展开学科单元的设计。目前，学界一般将"项目学习"作为深度学习的有效路径加以推崇（有研究表明，项目学习可以以"大观点"来组织跨域内容，有利于课程整合，可以有效迁移学以致用等），但现有的项目学习多半是"拼盘式"学习，如围绕"春天来了"这一主题，语文课读春天的文章、写春天，科学课探寻春天的节气，美术课画春天，音乐课唱有关春天的歌曲，体育课玩有关春天的游戏等，这样的"拼盘式"学习是无法让学生真正走向深度学习的。那么，如何摒弃"拼盘式"学习，并以问题驱动、任务驱动来开展项目学习就是不二选项，但问题是怎样的问题、任务才能驱动项目学习，有无学科差异，中小学生的项目学习有无差异等，这些都是值得进一步探究的问题[②]。

每个学科的设置都有独特的、不可替代的价值，尤其是在2018年1月出台的新一轮高中课程方案中，各学科课程标准都是围绕"学科核心素养"来研制的，如语文学科核心素养规定了语文素养的核心要素和

---

① 张奠宙.数学教育研究导引[M].南京：江苏教育出版社,1998.
② 吴永军.关于深度学习的再认识[J].课程·教材·教法,2019,(2):51-58.

关键内容,主要包括"语言建构与运用""思维发展与提升""审美鉴赏与创造"与"文化传承与理解"四个方面。语文学科中的深度学习必须指向这四个要素的培养。因此,真实的学校情境中的教学必须落实在具体学科教学中,学生才有可能获得该学科的核心素养。因此,教师在具体的学科教学中,如何结合学科知识的教学,引导学生深度学习,就成了教学实践中的重要课题。在学科教学实践与研究中,教师必须面对一系列问题,如是否存在促进学生深度学习的统一的、一致的方法或策略?人文学科与数理学科中的教学策略或方法有无区别?如果有,区别又在哪里?如果用比较公认的有效策略,如"大观点""大概念"来整合信息,文理学科是否有不同?另外,教师还要探明"为什么有的学生能进行深度学习,而有的学生只能停留在浅层状态",仅仅是因为其大脑中"信息加工"的不同而导致的吗?为什么有的学生在某些学科能够进行深度学习,而在另一些学科则呈现浅层学习的状态,原因何在?中学生与小学生之间深度学习的差异在哪里?如果教师不结合特定学科的具体内容,不结合每个学生具体学科的学习来研究,就会流于空谈或止于理论探讨层面,最终无法落实。

　　学生的学习就是通过学习力的提升,指向核心素养的实现与人格的完善。学生在破解文本表层符号言语的过程中,需要揭示文本背后的价值观念和文化意义。这是一个从基于问题解决的认知性符号规则上升到人文情怀的思维培养、观念形成的过程,也是学习回归生活、真正实现学以致用的过程。学生在学习中是透过显性的文本字句表达,把握隐藏其中的意义与价值,从而养成更好地热爱生命、理解生活、认识世界的积极的生活态度。深度学习理念下衍生的一系列探究活动,最终都指向人的成长。作为一种自主成长的方式,深度学习重在学习过程中的体验。因而,它注重引导学生体验学习过程中的各种关系,体验学习过程中的丰富情感,体验积极的思维活动,即关系体验、情感体验和思维体验[①]。

---

① 伍远岳.论深度教学:内涵、特征与标准[J].教育研究与实验,2017,(4):63.

学生在体验中学会知识的理解与表达,逐渐成为精神饱满的人。

除上述内容之外,走向深度学习可能还需要以下条件,如充分的学习时间、真实的生活情境、有挑战性的问题、认知冲突、复杂的思维状态、必要的人际支持、心与脑的全程参与、一定的学习成果和产品等。

真正的学习不仅是认知的学习、知识或技能的训练,而且是学生全身心投入探索的情境中,广泛联系各种资源去发现、探索、总结、反思、实践,形成个体独有的成长经验的一种"身体—认知—情感—元认知"的整合实践。所以,深度学习不只是大脑参与的思维层面的学习,不只是从低阶思维到高阶思维的学习,还是动机、心灵、情感、态度、意志等全面参与的身心脑合一的学习[①]。

三、核心素养引领课程与课堂教学的改革创新

随着2017年普通高中课程标准的修订和2022年《义务教育信息科技课程标准(2022年版)》的颁布,新一轮的课程改革再次启动。而这次课程改革与以往的不同之处体现在课程教材、课堂教学、考试评价等各个方面,其中最重要的因素在于核心素养的引领与驱动,这也代表着我国的基础教育课程改革进入了深水区和攻坚期。特别是在信息技术、智能技术为代表的新的社会背景下,我国的课程改革从理念到行动、从政策到措施,都在发生着系统性的转变。这就要求将信息技术课程作为STE(A)M具体实施载体的课程改革的关注点,不仅要关注人与技术的关系,还要关注课堂教学改革的深处和细处,要重构教与学的关系、学与习的关系、教师与学生的关系、课改与学改的关系,需要再度"发现学习的秘密",聚焦真实学习、深度学习、情景式学习、游戏化学习和协同学习等,更高水平地关注以学生为主体的学情和学习,从而使素质教育和核心素养真正养成。

---

① 杨清.课堂深度学习:内涵、过程和策略[J].当代教育科学,2018,(09):66-71.

1. 核心素养引领新课改构建新发展要求

中国基础教育正在迈入核心素养的新时代。核心素养是课程标准研制的"DNA",是贯穿课程标准修订的一根红线,也是课程实施和教学改革的总纲和方向。伴随着2022年义务教育课程标准的颁布与实施,一场以核心素养为导向的教学变革将全面展开。

2016年6月3日,世界教育创新峰会(WISE)与北京师范大学中国教育创新研究院在北京共同发布了《面向未来:21世纪核心素养教育的全球经验》研究报告,对全球21世纪核心素养教育经验进行探讨。该报告也对各素养在不同国际组织和经济体中的分布状况进行了分析,并发现沟通与合作、创造性与问题解决、信息素养、自我认识与自我调控、批判性思维、学会学习与终身学习以及公民责任与社会参与等七大素养为各国际组织和经济体高度重视。这七项素养中有六项为指向跨领域的"通用素养",仅有一项"信息素养"指向特定领域。由此可见,在全球范围内,人们对于核心素养的关注,不局限指向特定目标或特定领域,核心素养的框架及内涵呈现出广谱、多元、全面的特点。同时,高阶认知、个人成长与社会性发展等通用素养得到越来越多的重视。这些特点说明,培养"健全发展的人"正在成为全球教育发展的重要趋势。该报告还发现,财商素养、人生规划与幸福生活、领导力等仅仅被高收入经济体重视。高收入经济体素养框架的覆盖面比中等收入及以下的经济体更多,这在一定程度上反映了教育变革的内在趋势。

十八大和十八届三中全会提出的关于立德树人的要求落到了实处,2014年,教育部研制印发《关于全面深化课程改革落实立德树人根本任务的意见》,提出"教育部将组织研究提出各学段学生发展核心素养体系,明确学生应具备的适应终身发展和社会发展需要的必备品格和关键能力"(如图2-5所示)。

基础教育课程改革的要求,不能只限定培养学生获得高分的能力,还应该将核心素养融入学科学习的全过程,充分发挥学科育人的功能和

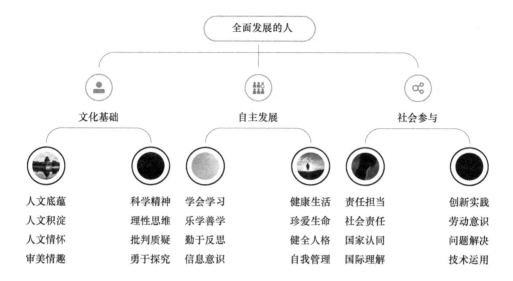

图 2-5 中国学生发展核心素养体系

价值。所以,教师研修的内容应该从学科的课程规划、课程研发、课程实施等方面来展开。简单点讲,不仅要知道为何而教、教什么,还要知道怎样教学以及进行教学评价,更要知道如何获取教学资源、如何整合教学资源、如何让教学资源为每一位学生服务等。这些都是新课程对教师提出的要求,应该将这些要求贯穿在研修过程的始终。未来,高中的学校课程必然会呈现丰富性、多样性、选择性和优质性等特点,选择是学生高中课程生活的常态。试想一下,当学校全面推进课程改革的时候,此时的学生无时无刻无处不处于判断与选择之中。换句话说,当教师把选择的权利与机会交给学生的时候,学生需要具备选择的能力。

美国哈佛大学的埃尔·莫尔教授有一个形象的比喻——变革就像一块又大又厚的橡皮,这块橡皮被不断拉长,改变着形状,看起来已经临近突破点了,但就在那一刹那,它就突然又缩回原来的样子,就像一切都没有发生过。而面对一场变革来说,课堂教学就是那个临界点,如果不能占领变革的最后这块前沿阵地,那么前面的努力都是徒劳无功的。达尔文曾说过,在这个世界上,能够生存的物种并不是那些最强壮的物种,也不是那些最有智慧的物种,而是那些对环境变化能够作出迅速反应的物种。因此,在新一轮课程改革中,从教育行政部门到学校、从教师到学生,都需要主动应对,积极变革。

新课标的突破之一,就是强调核心素养。素质是教育话语,它既包括先天因素,又包括后天习得;素养是课程话语,是后天习得的,需要经过学习而逐步养成。从双基到三维目标,再到核心素养,其变迁基本上体现了从学科本位到以人为本的转变。双基是外在的,主要是从学科的视角来刻画课程与教学的内容和要求的;素养是内在的,是从人的视角来界定课程与教学的内容和要求的;三维目标是由外在走向内在的中间环节,其中既有外在又有内在的东西。相对于双基,三维目标的理论比较全面和深入。但三维目标依然有不足之处,其一是缺乏对教育内在性、人本性、整体性和终极性的关注,其二是缺乏对人的发展内涵,特别是关键的素质要求进行清晰地描述和科学的界定[1]。

从双基到三维目标,再到核心素养,中国基础教育不断地从"物"走向"人",实现了教育回归到落实立德树人的轨道上。素养导向的教学本质上就是以学生发展为本的教育。从双基到三维目标,再到核心素养,知识(双基)的地位和作用似乎被不断地弱化,很多人为此提出质疑:知识难道就不是素养了?没有学科知识哪来学科素养?这个问题实际上就是知识与素养的关系问题。爱因斯坦曾说过"教育无非是将一切已学过的东西都遗忘后所剩下来的东西",遗忘的东西就是所学的具体知识和内容,而剩下来的就是所谓的正确的价值观、品格和能力(素养)[2]。

核心素养来自三维目标,又高于三维目标。从形成机制来讲,核心素养来自三维目标,是三维目标的进一步提炼与整合,是学生通过系统的学科学习之后而获得的;从表现形态来讲,核心素养又高于三维目标,是个体在知识经济、信息化时代,面对复杂的、不确定的情境时,综合应

---

[1] 崔允漷.新一轮义务教育课标的修订,即将带来哪些教学上的变革?[EB/OL].(2021-08-15)[2021-08-19].https://new.qq.com/omn/20210815/20210815A01O0400.html.

[2] 余文森.核心素养:课堂教学改革与创新的引擎[EB/OL].(2018-01-16)[2021-08-19].http://www.moe.gov.cn/jyb_xwfb/xw_fbh/moe_2069/xwfbh_2018n/xwfb_20180116/zjwz/201801/t20180117_324897.html.

用学科的知识、观念与方法解决现实问题所表现出来的关键能力与必备品格。显然,三维目标不是教学的终极目标,教学的终极目标是能力和品格。

知识是学校教育活动得以开展的一个"阿基米德点",教学活动离不开知识,教学活动对知识具有绝对的依赖性,没有了知识,教学活动便成为无源之水、无本之木。教学无法在真空中产生,也无法脱离知识而单独存在。总之,在教学的开展和维持以及人的成长和发展中,知识都是必不可少的养料。但是,教学决不能止于知识,人的发展更不限于掌握知识,教学的根本目的和人的发展的核心内涵是人的素养的提高,即教学是基于知识、通过知识的学习来提高人的素养的一种教育活动。目前,教学存在的突出问题是作为工具、媒介、手段、材料的知识反倒变成教学的目的,知识被绝对化了、神圣化了,教育成了"为了知识的教育",而能力和素养却被弱化、被边缘化了,有知识没能力缺素养就成为教师教学最突出、最致命的问题。从教育思想的角度讲,教师要把"为了知识的教育"转化成"通过知识获得教育",知识是教育活动中促进学生发展的一种文化资源和精神养料。

综上所述,核心素养是素养系统中具有根本性和统领性的成分,是人之为人之根之本("根目录"),是人各种表现的根本性应由。核心素养是素养系统中具有基础性的成分,是人进一步成长的基础和可能,是人进一步成长的内核。正确的价值观念、必备品格和关键能力是人终身发展、可持续发展的基因、种子和树根。抓住了核心素养,也就抓住了立德树人的根本,抓住了教育的根本。

核心素养的关键在于以下三方面:其一,核心素养不是学科专家的素养,是每个公民的素养;其二,素养不是不要知识,理论知识的教授必须由学校来完成,学校是学生系统学习知识的地方;其三,核心素养强调的是学了知识或技能之后能做什么,能解决什么问题。核心素养不是不能评价,核心素养一定要可教、可学、可评,不能评价的就不是目标。

核心素养概念和命题的提出具有重要的认识论的意义和价值。它意味着教育思维方式的转型,可以说,核心素养导向的课程标准修订实质是一场课程观、知识观、教学观和学科教育观的重建。它是对"为谁培养人""培养什么人""如何培养人"这一教育根本问题的时代回应[①]。聚焦核心素养,课堂教学和跨学科教育才能找到改革与创新的方向和动力。

2. 学科核心素养下的课程教学逻辑重构

学科核心素养既是一门学科对人的核心素养发展的独特贡献和作用,又是一门学科独特教育价值在学生身上的体现和落实。学科核心素养是学科本质观和学科教育价值观的反映。厘清学科核心素养,可以清晰地界定和描述本学科对人的发展的价值和意义,体现本学科对学生成长的独特贡献,从而使学科教育真正回到服务于人的发展的方向和轨道上来。总之,只有抓住学科核心素养,才能抓住学科教育的根本。传统的学科教育过度地在学科上做文章,学校和教师一直纠结于学科知识的容量(内容的多和少)、难度(内容的深和浅),教师们对所教学科的知识点和训练点烂熟于心,而对学科的本质和教育价值却知之甚少,对学生通过本门学科的学习要形成哪些核心素养以及怎样形成这些素养也不甚了解。这是目前高中教育存在的深层次的问题。学科核心素养正是破解该问题的一把钥匙。学科核心素养是学科教育的灵魂,只有抓住学科核心素养,才能正确地引领学科教育的深化改革,全面地发挥学科的育人功能(如图2-6所示)。

因此,学科核心素养的核心要义在于:其一,希望在义务教育阶段更关注人,淡化学科;其二,义务教育有些课程根本不是学科,如劳动,人们不能说劳动学科核心素养,可以说劳动课程核心素养;其三,义务教育阶

---

① 余文森.核心素养:课堂教学改革与创新的引擎[EB/OL]. (2018-01-16)[2021-08-19]. http://www.moe.gov.cn/jyb_xwfb/xw_fbh/moe_2069/xwfbh_2018n/xwfb_20180116/zjwz/201801/t20180117_324897.html.

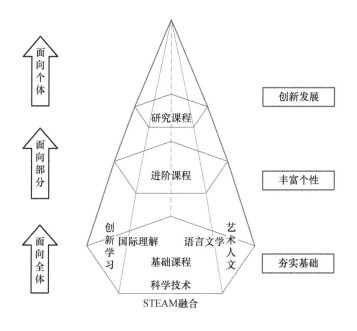

图 2-6 学科核心素养下的课程教学逻辑重构示意图

段的有一些课程不是一个学科,是一类学科群,如科学与艺术,所以讲学科核心素养也不恰当,越在基础教育阶段,越应注重跨学科的核心素养;其四,所有课程标准的封面都叫"某某课程标准",如艺术课程标准,因此称为"艺术课程核心素养"。

以 2017 年修订的高中课程方案和标准为例,该次修订的亮点之一,也是一项开创性的工作,就是在课标中首次研制了学科核心素养和学业质量标准。这次修订,各学科提出了本学科的核心素养,明确了学生学习该学科课程后应形成的正确价值观念、必备品格和关键能力,并围绕学科核心素养的落实,精选、重组教学内容,设计教学活动,提出考试评价的建议。其目的是切实引导各学科教学在传授学科知识的过程中更加关注学科思想、思维方式等,克服重教书、轻育人的倾向,把立德树人的根本任务落到实处。而学业质量则是对学生多方面发展状况的综合衡量。它确立了新的质量观,改变了过去单纯看知识技能的掌握程度的做法,引导教学更加关注育人目的。学业质量标准则是把学业质量划分为五级,帮助教师更好地把握教学要求,因材施教。学业质量要求的提出也为阶段性评价、学业水平考试和升学考试命题提供了重要依据,促进了教、学、考的有机衔接,形成育人合力。

"新高考"录取模式的核心是"两依据一参考",既要看高考成绩和学业水平考试成绩,又要参考学生综合素质发展情况。为了让课程方案和课程标准与高考综合改革相衔接,修订版本的方案把高中学习内容分为了必修课、选择性必修课和选修课。必修课程根据学生全面发展的需要设置,全修全考;选择性必修课程根据学生个性发展和升学考试的需要设置,选修选考;选修课程由学校根据实际情况统筹规划开设,学生自主选择修习,可以学而不考或学而备考。相应地,共同必修课会控制难度,选择性必修课难度稍高,选修课则是让学生依据个人兴趣选择,一些学校还会开设大学选修课程,其难度因人而异。

在教学内容上,修订后的课程重视内容的与时俱进。其将党的十八大、十九大提出的重要思想、重要观点、重大判断、重大举措等,结合各学科的性质和特点,与课程内容有机融合,努力呈现政治、经济、文化、科技、社会、生态等发展的新成就、新成果。例如,历史课程设置"改革开放新时期与中国特色社会主义进入新时代"专题;地理、生物、化学等课程要求学生树立"绿水青山就是金山银山"的理念,树立人与自然和谐共生的观念;物理课程引导学生关注宇宙学研究新进展,开展引力波讨论活动等;信息技术、通用技术、数学等课程要求学生学习并了解物联网、人工智能、大数据处理等相关内容。其中,引力波和人工智能被写入高中课标[①]。

将课程改革的理念和课程标准的方案最终落实到每所学校、每个课堂上,都需要秉持以下教学原则,需要厘清核心素养、学科核心素养与跨学科素养的关系。

教学原则具体包括以下四点:其一,坚持素养导向。教师的目标是关注素养,而不只是关注知识点。知识点目标是阶段性目标,是小步子、小阶段,教师的目标要大一点。其二,素养目标不是靠上一节课,也不是

---

① 引力波和人工智能写入高中课标[N].科技日报,2018-01-17.

靠听就能听出来的,要强化学科实践。比如地理强调地理实践,反对以前"不着地"的地理学习方式,就是人跟地不接触,整天在地图上画来画去的方式。再比如科学,人们要反对用不科学的方法学科学。什么叫不科学的方法?不科学的方法,就是不做实验,物理不碰物,如何能知道物之理?化学不见化,不做实验,看不见变化,还能叫化学吗?生物不懂生,教了学生什么是细胞,什么是遗传,什么是 atp,但考了 100 分都不知道什么叫生命观念。其三,推进综合学习。义务教育阶段要非常关注综合学习,要加强学科内的知识整合,推进跨学科学习,建设综合课程。在新课标中,对于每一门课标,国家都要求花 10% 的时间来开发跨学科主题,在教材层面必须保证将 10% 的跨学科内容设计出来。其四,因材施教。"十四五"时期,教育进入高质量发展的新时期,从"有学上"到"上好学",从普惠公平到优质公平,现在要考虑如何"适合每个人",即要落实因材施教、因人导学。

基于这些改革方向,人们需要厘清核心素养、学科核心素养与跨学科素养的关系和基本逻辑。

核心素养,在一定程度上可以理解为发展素质教育的新举措。核心素养是一种尝试性定义,指个体在信息化、全球化、学习型社会,面对复杂的不确定情景时,综合运用所学知识、观念、方法解决实际问题所表现出来的必备品格、关键能力。核心素养强调在真实、复杂情景中解决问题的能力,具有连续性和阶段性,可教、可学、可评。它是把"知识为本"的教学方式转变为"核心素养为本"的教学方式。

核心素养包含两个方面:一方面是跨领域、跨学科素养,包括以自我认识、自主调控、终身学习为核心的个人成长,以批判性思维、创造能力、学会学习为核心的高阶认知,以及以沟通交流、合作能力、社会参与、跨文化理解为核心的社会性发展;另一方面是特定领域的核心素养,包括数学建模能力、科学探究能力。举例来说,美术的核心素养包括图像识读、美术表现、审美判断、创意实践和文化理解;体育与健康的核心素养包括运动能力、健康行为和体育品德;通用技术的核心素养包括技术意识、工程思维、创新设计、图样表达、物化能力。

重构学习逻辑。学习逻辑是生活逻辑加学科逻辑。以前的学校教学一直处在两个极端——站在生活的立场批判学科，站在学科的立场批判生活，所以课程都是"钟摆"，而现在要思考"怎么站在学习的立场上来思考"这个问题。因此，首先，基于素养本位的单元设计。教师设计课程、实施教学时要在头脑中意识到素养、在眼中看到素养。其次，在真实情境中促进深度学习的真实发生。课程改革不仅要改内容、换教材，还要更换学习方式和教育理念。再次，问题解决的进阶测评。一定要从真实问题的解决出发进行评价。最后，借助智能时代的多元化智能技术，通过线上线下的智能系统优化教学，激发学生以好奇心为代表的学习主动性。截至目前，线上学习已经实施20多年了，长时间的实践和学习得出一个结论：单纯依靠线上学习是不行的，即使是人工智能也解决不了这个问题。但线上学习有其特殊优势，线下学习亦有面对面的优势，所以未来的学习需要线上线下相结合，同时并存、互为补充的混合模式，书本知识的传授将逐步被支持个性化学习的网上学习所替代。同时，课堂将成为互动、体验、探究学习的重要方式，以及促进知识理解和应用的重要场所，具有网络学习不可替代的功能。此外，深度学习将打通课内外学习、面对面学习、网络学习、学科与综合学习，使之成为一个整体，形成"互联网＋"时代的教育新常态。

3."以学习者为中心"本质上体现"以学为中心"

"以学习者为中心"是当前课程改革，乃至基础教育改革的高频词和关键词。"以学习者为中心"是对"以学生为中心"的再一次深化，其内涵体现着新的转型。此处的"学习者"既指学生，也指教师，强调教师和学生都是平等的学习者角色，教师的"教"与学生的"学"在行为上是具有互通性的。而"以学习为中心"则是在此基础上的又一次迭代。

因此，将"以学习为中心"理解为"以学习内容和问题解决为中心"，可以看成是"以伟大事物为中心"。正如美国帕克·帕尔默在《教学勇气》一书中所说的,"构建以伟大事物为中心的教学共同体",这个伟大事物可以更好地支持学习,更好地润泽课堂。

特级教师张宏伟认为,"以学习为中心"就是让学习这个中心统领学生、教师、教材、环境、方法、技术等一切与学习相关的要素,是一个更综合的过程。它要研究与学习相关的所有要素,强调"学是目的",其他要素都是手段和支持,比"以学习者为中心"更全面、更全景、更完整,是对学习本质和意义的再认识,最终让"以学习为中心"的所有要素能更好地促进学、支持学,实现从单一维度的学习到多维度、全景式学习的进化。

华南师范大学教授焦建利指出,"学习科学告诉我们,没有为自己的学习承担责任的那些学生,他们并非顽固不化,只是真的不知道为自己的学习负责究竟意味着什么,也不知道究竟应该怎样做才算是为自己的学习负责。责任包括各种不同的学习技能,如自我评估、计划、监控、反思、调整等。传统的课程并没有向学生教授这些技能,但我们知道,技能的获得是通过实践、反馈和更多的实践来实现的。以学习为中心的教学强调学习如何学习,仅次于帮助学习学习内容本身"[①]。

杭州师范大学教授蒋永贵指出,教师在备课时要确立四大主体结构:一是"为何要学",这是学科育人价值之问,指向终极目标;二是"学什么",这是核心概念体系之问,指向大概念和学科认知逻辑;三是"怎样学",这是关键能力之问,指向学习目标;四是"何为学会",这是嵌入式评价之问,指向证据。这四个方面中的"怎样学",是需要补齐的一个短板[②]。

"以学习为中心"的课堂教学实践是在解决"想学"问题的基础上,建立以学生发展为本的新型教学关系,着力解决"学会""会学"的问题,是寻找核心素养落地路径的旅程。它更多关注学科本质、学习能力、认知深度、学科思维模型、知识与迁移、应用与创新,关注知识的创造性输出,

---

[①] 焦建利,贾义敏.真实境脉中的学习研究与教育变革:学习科学研究回顾、反思与展望[J].开放教育研究,2011,17(06):30-37.

[②] 蒋永贵.从育人角度回答为何学?学什么?怎样学?何谓学会?——指向思维发展的科学探究教学模型构建与实践[J].人民教育,2019,(05):62-66.

关注真实学习和深度学习的发生。"以学习为中心"的课堂教学实践是让师生在相互支持的环境中"教与学",要求教师和学生都要重建学习观念,教师要引导学生从"学后用"走向"用中学",不是利用学到的知识解决问题,而是在真实的、统整的项目和任务或问题情境下,在解决问题的过程中学习知识。学校要鼓励教师运用启发式、探究式、讨论式、参与式的教学方式,以及问题导向式、小组合作式、主题探究式等多种学习方式,让教师成为学生学习的组织者、指导者和促进者。

课程改革、教学改革是一个不断纠偏、不断抵达的过程,其目的在于,当人们谈发现学习的秘密时或当人们讨论走向"以学习为中心"时,不是低估或弱化课堂学习以外要素的作用。以"课堂革命"为引领的课堂教学改革的新样态一定是指向"以学习者为中心""以学习为本""全学习"的系统性改革。学习不仅是课堂上学习,而且还包括"以学习为中心"所囊括的各个领域,如个体与组织、线上与线下、课内与课外、接受学与创造学等。

4. "教书"与"育人"的结构性教育关系不断分化

技术作为教育措施的快速发展的重要推动力,使得教育构成的基本要素及其关系的重心发生变化,这使得教师传统的知识权威部分让步,教师角色定位亟待重塑。教育者、受教育者和教育措施是构成教育的基本要素。教育措施主要包括教育的内容和手段,也就是随着电力、信息、智能技术的发展而不断演进的教育的客体对象"教什么"和载体"通过什么教"。在工业时代沿袭下来的传统教育中,教育者和受教育者,即学校情境下教师和学生的主导和主体之间,发生着以知识传授为主、以经验积累为取向的单向辐射型互动,从而凸显了教师的知识权威和中心地位,以及由此形成的师生之间的单维度、强联结关系。而互联网的普及,5G、大数据及人工智能等在教育中的探索应用,使得学生获取知识的来源、渠道和形式极大丰富,接受与内化的速度和效率迅速提高,教师因教龄的积累而形成的稳固的知识体系和重复的教学模式,在知识传授的维度上逐渐褪去优势,一定程度上消解了教师的知识权威和中心地位,也不断挑战着传统思维模式下的经验取向和模式固化的课堂教学。在未来的教育关系中,智能技术助力的教育内容和手段的重心不断加强,将在教师和学生之间巧妙地发挥杠杆作用,重置教育构成的基本要素之间的关系,将重心转向不断发展变化的学生主体,在知识维度上由知识单向传授转向知识互动建构,由稳定性、重复性转向开放性、创造性,由此形成教师与学生之间多维度、多向性、互动的新型强联结关系。在课堂教学的外在形式和教育关系的外在结构上,教师的地位看似弱化,而实际上则是从智育维度上的"经师"向育人理念下的"人师"发展的角色强化。

"后喻文化"时代的到来倒逼教育关系转型升级,教育需要向学生汲取智慧,以学生为本。著名人类学家玛格丽特·米德在《文化与承诺》一书中将人类社会划分为"前喻文化""并喻文化"和"后喻文化"三个时代。在"前喻文化"时代,由长辈向晚辈传授,知识以传承方式保存;在"并喻文化"时代,知识主要以平面扩散的方式,在同辈人之间传播;而在"后喻文化"时代,知识的流动与生长突破了时空限制,长辈反过来要向晚辈学习,知识以解构、重构、反哺等多元化方式产生和扩散。当前,作为数字原住民的学生,其出生和成长于网络和智能技术快速发展的第三、四次工业革命交替兴起之际,获取知识的渠道更为多样、处理信息的能力更为强大、所处的社会文化环境更为多元,这必然使其自治能力、批判思维和质疑精神有所提高。同时,由于多媒体技术和虚拟现实技术的快速发展,学生获得的多感官刺激和认知需求满足不断丰富、升级,这也对教育的启发性、引导性、激励性提出了更大的挑战。可以说,人类社会正在步入"后喻文化"时代,信息垄断被打破,知识权威被消解,传统教育模式被挑战,技术的发展已经逐步影响社会文化并形成交互、跨界、创新、共享的社会文化特质,这促使教育必须主动应对这种指向未来的新型生态,从关注学生的静态差异到关注学生的动态变化。师生关系和地位在平权化和互动性方面明显加强,教师需要不断向学生学习、向同伴学习和自我反思学习,以主动适应学习型时代的"教学相长",亦即"后喻文化"

时代的反哺。

智能时代的到来赋予了技术重构教育供需关系的可能,作为学的需求侧与作为教的供给侧,重心发生颠覆性转移,教育关系的重心从"教育者"向"学习者"转移,仿佛教育也在向学习转移。但学习不等同于教育,更为严谨地说,也不等同于学校教育,学习重在学习者的主动性行为,教育重在教育者和学习者之间教育关系的互动性行为。而技术的赋能则在于在教育关系上适度解放教师和学生,由知识传递联结的重复性"教",激发学生"学"的主动性和丰富性、教师"育"的人本性与创造性。因此,教师在"教书"与"育人"的结构性分化中更需以学生为本、以育人为先[1]。

四、面向未来的教育变革与省思

第三次工业革命(也称信息革命)始于20世纪40年代,缘于美苏军备竞赛,兴于2008年全球金融危机,在第二次工业革命后以能源枯竭和生态破坏为代价的超速发展,倒逼全球范围的产业革命和科技革新。以原子能、电子计算机、空间技术、生物工程的发明应用和互联网的高速迭代为代表,系统论、控制论和信息论等科学理论实现重大突破;信息技术和大数据的应用推进人类进入后工业化时代和个性化制造中[2]。信息时代的世界工厂体系中,各国利益和命运更加紧密相连,但这也面临着社会组织形态和分工重构的可能,而教育发展变革则是科技竞赛和经济发展的先决条件。

里夫金指出"第三次工业革命给人类社会带来全方位的冲击,集中反映在如何培养出适应其需要的高素质劳动者和创新性人才上"[3]。这

---

[1] 王学男,杨颖东.技术力量与教育变革的作用机制及未来思考[J].中国教育学刊,2021,(11):1-7.
[2] 阿尔温·托夫勒.第三次浪潮[M].朱志焱,潘琪,张焱,译.北京:生活·读书·新知三联书店,1983.
[3] 杰里米·里夫金.第三次工业革命:新经济模式如何改变世界[M].张体伟,孙豫宁,译.北京:中信出版社,2012.

场革命是对前两次工业革命的"革命",各个科技领域之间的相互渗透与交互合作加强。首先,网络信息技术的普遍运用,打破了交流与信息传播的时空局限,使知识生产、存储、传播、使用方式和规模都发生了颠覆性的改变。其次,人们会更加倾向于从"自上而下、封闭、排他式思维方式"向"外部、透明、开放式思维方式"转变,使社会向合作和分散关系发展,原有的纵向权力等级结构正向扁平化方向发展[1]。再次,促进经济增长方式的转变,促进知识向技术化、资本化、商品化的转变,即由传统的大量消耗能源和原材料转向知识的生产、扩散和广泛应用,进而改变生产的组织形式和劳动力结构从人口密集型向技术密集型转变。最后,制造的数字化、智能化和个性化,使大规模标准化生产向大规模定制化转变,工厂生产向社会生产转变,金字塔式组织方式向扁平式转变[2]。

对于教育的重视和批判在历史上从未以如此独立和广泛的形态存在,对"创新"的追求和忧思快速影响到人才观、课程观、教学观、评价观和学校观等各个方面,并推动着教育改革与实践。托夫勒在《未来的冲击》中极力主张"改革教育不应面向过去而是面向未来的方针,呼吁使教学课程'未来化'",使包括教什么、如何教、为什么教等在内的整个教育都"来自对未来的设想"[3]。学生若想在快速变化的发展中生存和获得工作,需要在专业分化愈加精细的同时,具备跨学科的综合素养和可迁移的学习与适应能力。由于网络和技术的不断更新,旧设的、稳固且分科的课程体系已无法满足飞速发展的社会需求,这对传统的教学方式、师生关系、评价方法及教育观念等产生了巨大冲击。新一代年轻人作为数字原住民,已经习惯在开放的互联网上社交和学习,信息是平等共享的,而不是存储静止的,学生的学习起点和经验基础也不断提高。例如,可汗学院盛行的"翻转课堂"颠覆了教师中心,课堂空间,"讲学练考"的标

---

[1] 杰里米·里夫金.第三次工业革命:新经济模式如何改变世界[M].张体伟,孙豫宁,译.北京:中信出版社,2012.
[2] 郑方方.STS视野中的第三次工业革命研究[D].新乡:河南师范大学,2014.
[3] 阿尔温·托夫勒.未来的冲击[M].孟广均,等,译.北京:中国对外翻译出版公司,1985.

准化，一对多的单向模式，取而代之的是学生中心，网络空间，"学练讲测"的个性化，多对多的多向模式。

教育评价的率先全球化倒逼教育改革的推进。教育理论多元蓬勃的发展，经历的行为主义、结构主义、建构主义和人本主义，也体现着以学生为中心的教育本质，以及从科学化向人本化、从关注"怎么教"向"怎么评"的改革轨迹，从人的主体需求、社会结构等向微观和宏观两极延伸的层面，结合社会学、哲学、心理学等多学科视角讨论教育。1972年，联合国教科文组织在《学会生存——教育世界的今天和明天》中提出"终身教育"和"学习化社会"的思想；1996年，其在《学习——内在的财富》中提出"学会学习、学会做事、学会共处、学会生存"，这被视为21世纪教育的四大支柱，"未来的文盲不再是不识字的人，而是没有学会怎样学习的人"。与此同时，随着TIMSS（1995年）、PISA（2000年）、PIRLS（2001年）为代表的全球性学生评价项目的深入开展，在国际视野内评价学生的核心素养，逐渐成为各国教育发展与改革的重要参考依据。

以"翻转课堂"为代表的新型教学模式的兴起，是对传统学校教育的形态和功能边界的挑战。一方面，其打破了教育的时间、空间、顺序、内容和教学关系，更注重学校与自然、社会、家庭的有机融合；联通了线下物理空间与线上虚拟空间的通道，而空间、生物、材料和通信技术的综合发展，更使教育的空间向太空、海洋和微生物界等不断延展。另一方面，学校教育开始出现功能多元化趋势，随着在线教育、云计算、大数据、虚拟现实、物联网等打通虚拟现实的交互式技术的出现，游戏化学习、扁平化学习、分散式合作学习、自适应学习系统、在线视频教学等将成为学习的新途径，进一步促使"教"和"育"的分离，传授知识和立德树人的界限归属变得清晰。教学向学习转移，教师中心向学生和内容中心转移，学习成为从被动的规模标准化向主动的规模个性化转变，从教师主导逐步向学生自主转变，联结师生的教育内容、载体、方式和关系均发生了改变。

我国教育改革也迅速卷入全球化,从双基到三维目标再到核心素养,从"一纲一本"到"一纲多本"再到"统编统审"的基础教育和课程教材改革,清晰可见的学生中心和多元开放的学生观、评价观、教育观,均体现了全球化的特征。里夫金指出,"虽然中国在不远的将来很可能取代欧盟在某些特定技术领域中的领先地位……但中国将不会完全理解所有项目连接起来形成整体互动系统给社会带来的巨大影响……而沿用原有的管理形式"。这不仅反映出国际对中国发展的高度重视与担忧,还体现我国"压缩快进"的工业化对于人才培养和教育理念改革的必然趋势。

目前,人们正处于"智能时代",正在亲身经历着第四次工业革命(也称智能革命),其教育变革的最大特征在于跨界融合与多元化教育的兴起。第四次工业革命始于2013年,德国联邦教研部与联邦经济技术部在汉诺威工业博览会上的"工业4.0"的纲领中提出以生产高度数字化、网络化、机器自组织为标志,以人工智能(AI)、物联网、3D打印、纳米技术、生物技术、材料科学、能量储存、量子计算机、机器人等为代表的技术,通过不同领域的技术融合,消除物理世界、数字世界和生物世界之间的界限,其核心特征为"融合""跨界"。在一定程度上与第三次工业革命在交叉重合中发展,而人们也正处于这两次工业革命的交替变革之中。教育身处其中,对于技术变革的速度、复杂性和不确定性的增加,教育多元化的兴起作为一种主动回应,主要体现在由对象"个性化"和内容"跨界化",聚焦于学校教育的变革。人们越发深入审慎地思考如何通过"未来学校"的实践创新来体现"未来教育"的理念转变。

其一,指向核心素养的培养成为教育目标的共识。自21世纪初期以来,在欧洲经合组织(OECD)跨国核心素养项目研究的引领和影响下,世界各国政府纷纷启动了"学生发展核心素养"的界定和遴选行动,并将信息素养、科技素养或数字素养作为一种"新兴领域素养"纳入各国的学生发展核心素养体系之中成为必然。世界经济论坛(WEF)于2017

年1月发布白皮书《在第四次工业革命中实现人类的潜力》,将教育及教师摆在促进21世纪人类发挥潜力的重要位置,技术变革引发的全球劳动力市场的变化更加直接地对教育提出了新的诉求。我国于2016年9月正式发布的《中国学生发展核心素养》提出,从文化基础、自主发展、社会参与三个方面培养"全面发展的人"。

其二,以信息技术为代表的多个前沿技术的应用,将打破教育惯有的体系和制度壁垒,促进教育生态系统的转变,从而对各教育要素及其之间的相互关系产生巨大冲击。在跨学科的教育内容上,技术直接促进了认知神经科学、教育技术学、学习科学、工程教育、STEM的全面兴起,教育内容和支撑教育的理论体系在不断跨界融合。在学校教育的形态上,其不断融合教育的时空和领域边界,将在线教育、家庭教育、职业教育与社会教育深度联结,从碎片化学习向泛在学习提质转型。更为重要的是,在教育观念上,对于技术的理解,从物理层面不断扩充到社会层面、哲学层面,激发了人本主义对科学主义的教育观反思,提出运用教育的全人性、过程性与迁移性来应对流动复杂的世界变化。始于2020年初的新冠疫情,更是加速了人们对于"全球利益共同体"、技术向善与应用限度的思考。WEF重磅发布《未来学校:为第四次工业革命定义新的教育模式》白皮书提出"教育4.0全球框架",重新定义了新经济中的高质量学习,以转变学习内容和学习经验为核心,提出了技术力(Technology Skills)、个性化与自主化学习(Personalized and Selfpaced Learning)等8大特征要求下的未来学校的教学模式。因此,第四次工业革命需有与之相适应的教育模式。

技术是未来社会变革的重要驱动力,创新与变化是未来社会的主要特征。《人类简史》的作者尤瓦尔·赫拉利曾说"21世纪全世界最重要的产品,不再是工厂、车辆、武器,而是人体、大脑、思维"[1]。再次从历史

---

[1] 尤瓦尔·赫拉利.21世纪经济的产物不是工厂车辆武器,而是人体大脑思维[EB/OL].(2018-02-02)[2020-06-23]. https://www.sohu.com/a/220604286_688923.

与技术的发展视角来证明世界的重心也将转向教育,技术与教育的功能同构性向人们敞开。智能时代的技术变革与迭代的速度、深度和广度都将继续呈指数级增长,因此教育更需要及时、及早地做出新时代的回应与坚守。

目前,无论是在发达国家,还是在发展中国,不少教育系统仍然采取与第一次工业革命和第二次工业革命相适切的教育模式,即以直接教学和记忆为主的被动学习方式仍然占据主导地位,而不是采用促进批判性思维和个人思维的互动方法,而这正是当今创新驱动经济所需要的[①]。这是学校教育在理念转变下应用到教学模式的整体性、系统性的实践转变。近现代,以教室中心、知识中心、教师中心的传统"三中心"为基础的学校教育模式也开始向学习者中心、能力中心和活动中心的"新三中心"转型。信息技术革命下的工业生产模式和工业化思维,对育人方式和理念产生了隐性的潜在影响。这股技术力量的最大作用在于将教育关系的重心彻底转向学生,同时又将教育的组织制度和学校教育的功能形态的外延扩大,"教"的功能受到技术的影响越发凸显,而"育"对于人的依赖也更受重视。第四次工业革命以多领域技术融合发展、物联网为媒介为特征,从规模的标准化不断迈向规模的个性化。教育已经不再是面对固定的科学技术的知识系统的传递,而是面对不断融合变化的技术变革和全球利益一体化的研判与创造等的高阶思维与可迁移技能。对教育目标的调整与重新确立,对技术的批判性接受和主动的多元化,是此阶段教育发展在理念上的转变与主体性回归的体现。

人作为技术与教育的联结点,也是逻辑的起点和发展的终点,主体的存在与自觉是教育的本质,多元化更内含了公平、全纳、民主、普惠、差异与发展。在未来不应只关注技术对教育的工具性影响,更需要引导人们重新定义和思考教育本身及其中的核心问题。如果说现代学校是工

---

① World Economic Forum(2020). Schools of the Future--Defining New Models of Education for the Fourth Industrial Revolution [EB/OL]. (2020-09-01)[2020-10-18]. http://www3.weforum.org/docs/WEF_Schools_of_the_Future_Report_2019.pdf.

业社会的教育创新产物,那么"后工业时代"的当下和未来,可能更多是超越其工业化思维的局限性,而让教育和学校在技术的"变"中求得自身的"不变",在多元化从被动向主动转变的过程中,探寻无限可能并坚守教育本质。从某种意义上说,四次工业技术革命中的技术创新,在工具上的直接影响作用于教育实践,在价值上的间接影响作用于教育思想与理论,其二者交互作用与教育变革相互影响。技术从来不应动摇人们对促进人自由、全面、充分发展的教育理想信念,而是应该改进通过如何培养人、怎么培养人和培养什么人来实现人们的教育本质目标,转变人们因距离或浅知而抗拒的封闭固守心态,从理念到行为逐渐具备主动应对变化与风险的多元多维的文化、心理、知识与技能①。而这也正是本研究的教育理念和价值体系的初衷。

因此,机器人课程成为实现学科融合、践行 STEM 教育理念的最佳课程载体。近 20 年来,机器人的研究与应用水平取得重大突破。机器人的广泛应用将极大促进生产力的发展与产业结构的调整,机器人的制造与广泛应用将成为一个新的经济增长点②。随着智能机器人技术的迅猛发展和性价比的大幅度提高,智能机器人进入中小学,将智能机器人的基础知识和编程能力纳入中小学的技术课程或综合实践中的必要性和可行性已经明朗和成熟③。

以机器人为内容的课程,在技术上全面涵盖了信息技术,包括感测技术(信息采集)、通信技术(信息传递)、智能技术(信息处理)和控制技术(信息施用);同时,还涉及数学、物理、科学、艺术等学科。因此,机器人教学不仅可以承载 STEM 教育的诸多核心目标和素养要求,而且可以满足当今智能技术各领域迅猛发展变革和广泛普及对教育提出的新要求。将机器人课程作为中小学实践 STEM 教育的载体,作为 STEM

---

① 王学男,杨颖东.技术力量与教育变革的作用机制及未来思考[J].中国教育学刊,2021,(11):1-7.
② 郭善渡.回顾与前瞻:中小学机器人教育探索与思考[J].中小学信息技术教,2015,(6):9-11.
③ 郭善渡.大力推进智能机器人进入中小学的进程:郭善渡先生访谈[J].中国信息技术教育,2006,(11):9-10.

教育或创客教育的组成部分,将有助于充实课程内涵,学生在动手搭建、组装和调试机器人的过程中可以尽情发挥乐于动手、动脑的天性,可以大胆尝试、张扬个性、锐意创新,也可以和伙伴合作,交流经验与心得,品尝探索的艰辛与成功的喜悦……从而真正实现培养富有想象力、好奇心、求知欲、逻辑思维等高阶思维的创新型人才的目标。从小学阶段开始,学一些计算机高级语言和计算机程序设计对提高学生的思维能力(特别是动态思维能力)、创新能力和实践能力具有重要的和不可替代的作用与意义[①]。

---

① 郭善渡.郭善渡先生谈程序设计教学[J].中国信息技术教育,2007,(6):21.

第三章 中美课标的比较研究及启示

随着第四次工业革命的兴起,科技的快速发展对人才的培养和需求提出了新的要求。世界各国都在进行教育改革,以期适应时代的发展需求。以 STEM 为基础的教育创新与实践,内涵和外延随着改革的深化而不断延展,也逐渐成为目前较为公认的培养核心素养和创新型人才的最佳方案。作为面向未来社会变革的应对战略,中、美、日等各国先后发布了人才培养的政策规划和具体方案。2017 年,我国国务院印发了《新一代人工智能发展规划》,其中专门提出"实施全民智能教育项目,在中小学设置人工智能相关课程,逐步推广编程教育,鼓励社会力量参与寓教于乐的编程教学软件、游戏的开发和推广"。在教育部印发的《2019 年教育信息化和网络安全工作要点》中也首次提出"推动在中小学阶段设置人工智能相关课程,逐步推广编程教育"。2017 年,美国总统唐纳德·特朗普签署了一份备忘录,将拨款 2 亿美元加大对科学、技术、工程以及数学(STEM)专业教育的支持,尤其注重计算机科学和编程方面的学校教育。他表示"职场正在变化,我们需要为民众创造新的渠道去获得最好的工作,提供大量的 STEM 和计算机科学课程,将会确保我们的儿童拥有在职场中去竞争、去获胜的技能"。2018 年,美国商务部总计拨出 2.79 亿美元用于 STEM 教育,实现并超出了最初的预算。日本文部科学省要求从 2020 年 4 月起,将编程作为必修内容加入小学算术和理科教科书中,从五年级起,学生将学习与编程相关的基础知识。东京大学计算机科学领域坂村健(Ken Sakamura)教授表示,"我们必须不断充实课程内容,比如让编程成为一门独立学科,才不至于落后于世界其他国家"。而英国早在2014年就规定,5到16岁必须学习编程,韩国在2007年就规定从初等教育起,学生必修编程课①。

一、美国信息技术课程标准的分析②

(一) 通过学科概念的结构化体系来设计课程标准内容

基于学科特点,兼具很强的理论性和实践性,计算机科学体现在《标准》中是通过核心概念与核心实践两大部分共同构成的结构化的概念体系,来体现学科本质和教学所需达到的目标和要求(如图3-1所示)。在"概念的部分",其还涉及"子概念"和"跨学科概念",这是对计算机科学的学科体系向内部细化和向外部延伸的系统化思考,既体现了课程的学科素养的要求,又体现出课程发展的跨领域融合的趋势;并且通过这一框架结构将概念和实践有效地联通,将跨数学、语文、科学、社会等多个学科的理解联系起来,用于解决现实世界的真实问题。学科体系的结构化呈现,本身就是一种高级逻辑思维的体现和表达,既有助于把握全局,又易于对具体知识点和知识点之间的关联进行理解。

美国对计算机科学教育的重视在政策法案延续中不断加强。《2015年STEM教育法案》(STEM Education Act of 2015)修订了STEM教育的定义,强调STEM教育包含计算机科学在内的科学、技术、工程、数学学科教育。2016年,奥巴马总统宣布"为了全体学生的计算机科学(Computer Science For All)"的计划,其中指出"我们应该为每一位学生提供可动手实践的计算机科学和数学课程",旨在使美国年轻一代学生在数字经济时代掌握必要的计算机科学技能。2017年,特朗普签署了一项总统备忘

---

① 孙秀萍.日本将编程列为小学必修课[N].环球时报,2019-03-29(5).
② CSTA K-12 Computer Science Standard[EB/OL]. (2016-04-18)[2020-03-04]. http://www.csta.acm.org/Curriculum/sub/CurrFiles/CSTA_K-12_CSS.pdf.

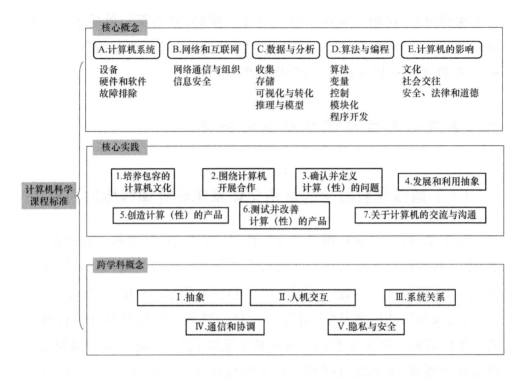

图 3-1 《CSTA K-12 计算机科学课程标准(2017年修订版)》的框架体系

录,指出建立高质量的 STEM 教育是教育部的重点之一,特别是计算机科学;并确定每年至少拨款 2 亿美元优先用于此;同时,探索在现有 K-12 和高中课程中增加或扩大重点关注计算机科学的管理措施①。

2011 年,美国计算机科学教师协会(CSTA,Computer Science Teachers Association 由计算机协会 ACM 于 2004 年成立)和计算机协会在全美中小学计算机教育调研基础上研制了《CSTA K-12 计算机科学标准》,建议以"核心课程"的方式在中小学开设计算机科学教育,从计算思维、合作、计算实践与编程、计算机和交流设备及社区、全球化和伦理影响五个方面制定了覆盖小学(K-6)、初中(7-9)、高中阶段(10-12)三

---

① STEM and Computer Science[EB/OL]. (2017-09-29)[2020-03-04]. https://www2.ed.gov/news/newsletters/edreview/2017/0929.html.

个不同水平阶段的中小学生需要达成的计算机科学学习标准①。在此基础上,集聚全美相关专家完成了《K-12 计算机科学框架》(K-12 Computer Science Framework)(以下简称"《框架》")②,作为一个纲领性的文件,它把"计算思维"作为核心概念融入标准体系中,建构以学科的核心概念(Core Concepts)和核心实践(Core Practices)为基础的标准框架,将"计算实践与编程"调整为"算法与编程";提出由多个子核心概念组成核心概念,将跨学科概念融于核心概念并贯穿整个框架;并强调早期儿童教育增加计算机科学教育,并把中小学阶段划分为 4 个阶段(2 年级、4 年级、8 年级、12 年级)。国内学者对《框架》进行了充分的引介和研究。

CSTA 于 2016 年、2017 年又分别修订并发布了《CSTA K-12 计算机科学标准(2017 年修订版)》(以下简称"《标准》"),与《框架》配套使用,是对《框架》的具体化呈现,提供了全面细致的标准内容,目的是为美国各州、各地区的学校制定本地化课程大纲提供指导和依据。由于 CSTA 成员构成多元化,不仅涵盖 K-12 计算机学科的一线教师,而且还包括大学教师、工业界及政府成员、其他非营利组织成员、学生父母等,这些成员来自 145 个国家,共有 25 000 多名,其专业性和实用性很强,也是美国编程培训机构和高中选用最多的标准③。由于这一版本的《标准》是最新修订版,同时目前也没有学者发表对其具体深入的研究成果。因此,本文选取《标准》作为研究对象,进行深入分析,以期对我国基础教育信息技术课程标准的修订以及课程教学提供有益的参考。

《标准》的修订,也是针对目前美国计算机科学教育主要面临的四大问题而做的。第一,社会发展和公众对计算机科学提出了更高的要求。

---

① CSTA K-12 Computer Science Standard[EB/OL].(2016-04-18)[2020-03-04]. http://www.csta.acm.org/Curriculum/sub/CurrFiles/CSTA_K-12_CSS.pdf.
② CSTA. K-12 Computer Science Framework[EB/OL].(2016-04-18)[2020-03-04]. https://K-12cs.org.
③ 钱松岭,董玉琦.美国中小学计算机科学课程发展新动向及启示[J].中国电化教育,2016,(10):83-89.

大多数家长希望孩子的学校提供计算机科学课程①,大多数美国人相信计算机科学和数学、阅读、写作一样重要②。现在的学生大都是数字时代的原住民,在他们将来的职业生涯中将涉及计算机科学,不仅仅在STEM领域,而且在非STEM领域也会广泛使用③。第二,现有的学习计算机科学的机会并不多。美国大部分地区的学校不提供计算机科学和编程的独立课程④,许多学生不得不等到高中才学习计算机科学,这与他们所生活的依赖计算机的社会和有设备随时学习计算机科学的学校完全不符。据估计,在美国所有的K-12学校中,只有四分之一的学校能提供优质的计算机科学课程,22个州在学生高中毕业时不考虑计算机科学的成绩⑤。第三,有效地开展面向全体学生的计算机科学教育,是促进教育公平的有效路径。当不到一半的学校教授有意义的计算机科学课程时⑥,巨大的入学机会的差距往往会使弱势群体的学生边缘化,他们面临的不仅是教育不平等的问题,而且这种机会差距还会反映在技术劳动力的供给上⑦⑧。许多现有的课程不够多样化,不能代表多元化的人

---

① Google & Gallup. Searching for computer science:Access and barriers in U.S. K-12 education[EB/OL].(2015-10-05)[2020-03-04]. http://g.co/cseduresearch.

② Horizon Media. Horizon Media study reveals Americans prioritize STEM subjects over the arts;science is "cool," coding is new literacy[EB/OL].(2015-12-07)[2020-03-04]. http://www.prnewswire.com/news-releases/horizon-media-study-reveals-americans-prioritize-STEM-subjects-over-the-arts-science-is-cool-coding-is-new-literacy-300154137.html.

③ Change the Equation[EB/OL].(2015-12-07)[2020-03-04]. http://changetheequation.org/blog/hidden-half.

④ Google & Gallup. Searching for computer science:Access and barriers in U.S. K-12 education[EB/OL].(2015-10-05)[2020-03-04]. http://g.co/cseduresearch.

⑤ 卢蓓蓉,尹佳,高守林,等.计算机科学教育人人享有的机会:美国《K-12计算机科学框架》的特点与启示[J].电化教育研究,2017,(3):12-17.

⑥ Google & Gallup. Searching for computer science:Access and barriers in U.S. K-12 education[EB/OL].(2015-10-05)[2020-03-04]. http://g.co/cseduresearch.

⑦ Information is Beautiful. Diversity in tech:Employee breakdown of key technology companies[EB/OL].(2015-10-05)[2020-03-04]. http://www.informationisbeautiful.net/visualizations/diversity-in-tech/.

⑧ Sullivan G. Google statistics show Silicon Valley has a diversity problem[EB/OL].(2014-05-29)[2020-03-04]. https://www.washingtonpost.com/news/morningmix/wp/2014/05/29/most-google-employees-are-white-men-whereare-allthewomen/.

口[①],要重点向不同的人群推广计算机科学,包括年轻学生、残疾学生、女性和少数族裔,以支持所有学生学习计算机科学共同的利益。第四,计算机科学标准是计算机课程教材与课堂教学的重要依据。一方面,厘清国家和地方、州教育行政部门、学校、教师和家长对计算机科学与计算机日常使用的概念;另一方面,为课程教材、教学内容、教学难度、核心概念等提供共识的、稳定的、具体可操作的标准体系。由此可见,美国的计算机科学教育与我国的信息技术教育面临着共性问题。

《标准》与《框架》的理念一脉相承,是对《框架》的具体化和可操作的落实,是衔接国家发展战略与学校课程教学的内容支撑,是贯通计算机科学的学科专业与面向全体学生可教可学的学习引领。《标准》为计算机科学的课程实施提供了详细的计划和标准,在对其进行全文翻译和分析研究后发现,《标准》是基于全纳教育的教育理念、计算机科学的学科本质、面向未来的教育需求和实践可操的教学标准进行研制和表达的。

(二)通过计算机科学教育的全纳普及促进有教无类的实现

追求教育公平,是各国教育一直为之努力的共同价值目标。计算机科学,作为一门真正要深入中小学学校教育中的科学,作为未来信息社会的基本技能和工具媒介,被赋予了促进公平的更多责任和功能。从教育对象的全纳性出发,考虑计算机科学在学生成长过程中,甚至是学生从幼儿园到高中这一连续的学校教育过程中的可教性、可学性与可获得性,能够发现计算机科学的诸多重要信息。

第一,在教育理念上,其明确强调包容性、多样性、多元性和公平性。计算机科学教育的教育理念和教学目标是基于人口的多样性、未来工作的复杂性和教学实施的可行性而制定的。随着科学技术的高速发展,学生将越来越受到技术的影响。通过扩大学生对计算机科学的参与程度,

---

[①] College Board. AP Computer Science Principles course and exam description[EB/OL]. (2015-10-05)[2020-03-04]. https://securemedia.collegeboard.org/digitalServices/pdf/ap/ap-computer-science-principles-course-and-examdescription.pdf.

可以实现教育的全纳性和公平性，也就是我国教育理念的"有教无类"。正是基于这样的起点进行思考，《标准》在核心概念部分和核心实践部分的具体标准，以及《框架》中的课程建议、教师资源和课例中均有意识地给予重点呈现。

第二，《标准》致力于教育起点的机会公平。通过《标准》的出台来规范计算机科学教育的对象和内容，从最早的年龄开始，一直贯通到大学前，即K-12（从幼儿园到高中三年级）。这里需要特别指出的是，计算机科学教育可以和幼儿教育教学活动有效地融合，学生可以在"玩中学"，可以与游戏结合。计算机科学教育在发展幼儿社会情感的同时，还能培养逻辑思维等。因此，国家很有必要从学龄前开始进行计算机科学的启蒙教育，并且学生计算思维的养成不是在高中阶段或者大学阶段自然形成或一蹴而就的，而是学生从小培养、不断提升的连续过程。此外，计算机科学教育的普及要面向全体学生，而不是服务于某些精英阶层或者优势群体，不能因年龄、种族、性别、社会经济地位与残疾与否等而对学生区别对待，要力保每个学生都可以学、能学会。基于公平正义的差异补偿原则，应特别或优先关注对弱势群体的有意识的倾斜和包容。并列举对特殊教育儿童、少数民族女童进行的教学，可以通过实物化游戏、图形化编程等渐进形式展开，尽量降低身体和语言的影响。

第三，力求教育过程的质量公平。在《标准》中对K-12的教学内容和教学目标的标准化阐释，就是对该学科的教学过程的质量把控。国家不仅要将计算机科学作为一种知识和应用工具进行教学，而且还要培养学生的计算思维，将计算机科学作为学习和表达各种学科和兴趣的工具，使每个学生不仅是计算机技术的消费者，还是使用者和创造者。起点和过程的公平共同作用，都是为了指向结果的公平，即通过计算机科学，连接现在与未来、科学与技术、人文与科学、理论与实践，尽量缩小因性别、族裔、区域、社会经济背景等教育之外的因素而导致的在文化偏见、学业表现、就业发展、社会地位等方面的不公平的差距。

(三) 以算法和编程为核心注重计算机科学知识体系的结构清晰

《标准》共有条目120条,较之2016年的版本减少了13条,其将K-12阶段计算机科学学习分为Level 1-3共3个等级,Level 1根据年级分为Level 1A、Level 1B,Level 2,Level 3根据难度分为Level 3A、Level 3B。这3个等级与5个年龄段、年级段相互对应,针对学生所处等级制订了相关的水平要求。Level 3A及之前的等级是针对所有学生的,而Level 3B是针对对计算机科学有进一步兴趣的学生,也可以理解为人们所说的必修和选修。核心概念和核心实践是根据学生的认知和计算机科学的学科体系,在每一等级系统安排、循序渐进、不断深入(如表3-1所示)的。第一,可以清晰地看出"算法与编程"所占比重最大,除去3B之外占42.39%,是计算机科学的学科重点内容。对核心概念与核心实践相互交叉重叠的知识点进行统计发现,"算法与编程"和"创造计算(性)的产品"交叉形成的数量最多,重点非常明确(如图3-2所示)。同时,也对概念与实践的有机联通进行了体系化的设计,提供了很好的示范。第二,随着年级的升高,对同一个子概念会有不同难度的标准要求,可以明显区分出教学的重点和差异度;算法与编程的比重也逐步增加。其对于教师、教研人员、行政管理人员和学生不同的使用群体而言,一目了然、主次分明。在横向维度上,其可以总览全局结构和重点内容;在纵向维度上,其可以区分教学梯度和难度。

表3-1 《CSTA K-12计算机科学课程标准(2017年修订版)》核心概念分布

等级	年级	年龄	条目数	核心概念				
				计算机系统	网络及互联网	数据与分析	算法与编程	计算机的影响
1A	K-2	5~8	18	3	1	3	8	3
1B	3-5	9~11	21	3	2	2	10	4
2	6-8	11~14	23	3	3	3	10	4
3A	9-12	15~18	30	3	5	4	11	7
3B	11-12	16~18	28	2	2	3	17	4

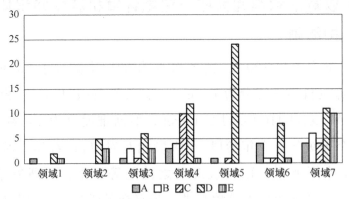

图 3-2 《CSTA K-12 计算机科学课程标准(2017 年修订版)》核心概念与核心实践交叉重叠的知识点统计①

(四) 将计算思维作为思维方式和教学目标融于多学科教学

2011 年,周以真对计算思维进行了重新定义,认为计算思维是一种解决问题的思维过程,能够清晰、抽象地将问题和解决方案用信息处理代理所能有效执行的方式表述出来。《普通高中信息技术课程标准(2017 版)》指出,计算思维是发展学生信息素养的核心素养之一。CSTA 认为计算思维是计算机科学在广泛的学科领域中应用的核心要素。我国学者提出计算思维作为推动学生信息素养发展的创新能力,主要表现为形式化问题、抽象问题、建立模型、分析和组织数据、形成问题解决方案并迭代优化、解决方案系统化和迁移六个子能力②。综上而言,计算思维的本质特征可以理解为一种人类解决问题的思维和能力体现的过程,它是在核心素养框架下,具有各学科通用性和计算机科学学科专业性的高阶思维和过程。

因此,在《标准》中,其通过核心概念和跨学科概念,对计算机科学的

---

① 本图是对《CSTA K-12 计算机科学课程标准(2017 年修订版)》中的全部内容条目进行统计,将核心概念与核心实践交叉形成的知识点条目进行可视化呈现,以期清晰、直观地呈现知识结构。

② CSTA. K-12 Computer Science Standard[EB/OL]. (2016-04-18)[2021-08-10]. http://www.csta.acm.org/Curriculum/sub/CurrFiles/CSTA_K-12_CSS.pdf.

课程实施提供了"信息技术本位"和"STEM(或 STEAM)理念下的学科融合"两大类型的可行思路。《标准》对计算思维进行了操作性定义,将其分解为九个子技能:数据收集、数据分析、数据呈现、问题分解、抽象、算法和程序、自动化、仿真和并行[①]。其中,问题分解指将任务分解成较小的、可以控制的部分;抽象指降低复杂性来定义观点;自动化指让电脑或机器做重复或乏味的任务;仿真指一个过程的陈述和模拟,包括运用模型来模拟和运行实验;并行指组织资源同时进行几个任务来达成目标。计算思维是一种思维方式、思维品质,不断延展教师的教学思路和教学的可拓展性,可以避免教师在教学过程中,特别是在学生低年龄段时对计算思维理解和教学的窄化或单纯编程化(如表 3-2 所示)。

从表 3-2 中可以发现,对于计算思维的理解和教学,更多体现的是高阶思维能力的培养,并由这种能力迁移到其他学科领域、生活世界中真实复杂问题的解决能力。计算思维的教学,可以通过编程来实现,也可以通过生活中的事件(如数糖果、刷牙等)、历史社会(比较罗马帝国的崛起和蒙古人的扩张)来体现算法的思维。也正是在此基础上,教师在 2、3 等级的教学中才能不断提高教学的难度和信息技术的本位,通过解析问题、优化流程、控制结构、调整变量、程序开发、调用数据库、测试优化等,以编程为核心计算机科学。

著名的儿童教育学家和心理学家皮亚杰认为,儿童的认知是由他自身与外部世界不断地相互作用而逐渐形成的一种结构。以运演(Operation)作为标志,可以把儿童的认知发展过程划分为四个阶段,即感知运动阶段(0 至 2 岁)、前运演阶段(2 至 6 岁)、具体运演阶段(7 至 11 岁)、形式运演阶段(12 岁进入)。运演不是形式逻辑中的运演和一般数学上的运演,而是心理运演,即将表象、概念等符号表征在心理上进行的内化了的操作。在小学三年级以前,儿童认知发展在具体运演阶段,心理操作已有可逆性与守恒性,但还离不开具体事物的支持,心理操作的内容

---

① CSTA. Operational definition of computational thinking for K-12 education[EB/OL]. (2016-04-18)[2021-08-10]. https://c.ymcdn.com/sites/www.csteachers.org/resource/resmgr/CompThinkingFlyer.pdf.

与形式还不能分开,尚处于低级的阶段。所以,在小学一年级或者学龄前阶段,建议开设以实物和实操为主的 STEM 活动课程,重在培养学生兴趣,侧重于组装以及与其他学科、活动的融合开展,不建议过早地直接开设机器人编程课程。小学三年级后(一般都在 10 岁后),儿童认知在形式运演阶段,心理操作已经脱离具体事物的束缚,内容与形式之间已完全区分,运演已达到可以通过命题和假设来进行的高级阶段。

表 3-2 《CSTA K-12 计算机科学课程标准(2017 年修订版)》中的表述示例①

识别码	标准及具体的描述性陈述	子概念	实践
1A-DA-06	以不同的视觉格式收集和呈现相同的数据 收集和使用关于他们周围世界的数据是生活的一个常规部分,并影响人们的生活方式。学生们可以收集有关天气的数据,如晴天与雨天、开学与放学时的温度,或者风暴过程中的降雨量。学生可以数一袋糖果中每种颜色的糖果的数量,如 Skittles 或 M&Ms。学生可以创建感兴趣的事物的调查,如喜爱的食物、宠物或电视节目,并从同龄人和其他人那里收集调查的答案。然后,收集的数据可以组织成两个或多个可视化效果,如条形图、饼图或图画文字。	收集,可视化和转化	7.1 关于计算机的交流,4.4 发展和使用抽象
1A-CS-01	选择并操作合适的软件来执行各种任务,并认识到用户对他们使用的技术有着不同的需求和偏好 人们使用计算机设备准确、快速地执行各种任务。学生应该能够选择适当的应用 App/程序来完成他们需要完成的任务。例如,如果要求学生绘制图片,他们应该能够打开并使用绘图应用 App/程序来完成此任务,或者如果要求他们创建演示文稿,他们应该能够打开并使用演示文稿。此外,在教师的指导下,学生应该比较和讨论对具有相同主要功能的软件的偏好。学生可以比较不同的 Web 浏览器或文字处理、演示或绘图程序。	设备	1.1 培养包容的计算机文化
1A-NI-04	解释什么是密码以及为什么使用它们,并使用强密码保护设备和信息免受未经授权的访问 学会保护自己的设备或信息免受他人不必要的使用是学习网络安全的重要第一步。学生不需要使用多个强密码。他们应该适当地使用和保护他们需要使用的密码	网络安全	7.3 关于计算机的交流

---

① 在核心实践的代码中,小数点前的数字分别表示 7 个领域,小数点后面的数字表示核心实践的子领域,这一内容的具体说明在《框架》中,本文不再赘述。7 代表关于计算机的交流,4 代表发展和利用抽象。

续 表

识别码	标准及具体的描述性陈述	子概念	实践
1A-DA-05	**使用计算设备存储、复制、搜索、检索、修改和删除信息,并定义存储的信息为数据** 计算设备存储和处理的所有信息称为数据。数据可以是图像、文本文档、音频文件、软件程序或应用程序(App)、视频文件等。当学生使用软件在计算设备上完成任务时,他们将操作数据	存储	4.2 发展和使用抽象
1A-IC-17	**在网上尊重他人、与人友好负责任地合作** 在线交流促进积极的互动,如与许多人分享想法,但在线交流的公开性和匿名性也允许以网络欺凌的形式进行恐吓和不适当的行为。学生可以在博客或其他协作空间在线分享他们的工作,注意避免分享不适当的信息或可能让他人识别他们的信息。学生可以以友好和尊重的方式向他人提供工作反馈,如果其他人分享了他们不应该分享的东西,或者在在线协作空间上以不友好或不尊重的方式对待他人,可以告诉成年人	社会互动	2.1 围绕计算机的合作
1A-AP-08	**通过创建和遵循算法(一组分步指令)来完成任务,对日常流程建模** 组合是将较小的任务组合成更复杂的任务。学生们可以创建并遵循一些算法来制作简单的食物、刷牙、准备上学、参与打扫卫生的时间	算法	4.4 发展和使用抽象
1B-CS-03	**确定使用常见故障排除策略解决简单硬件和软件问题的潜在解决方案** 尽管计算系统可能会有所不同,但所有这些系统都可以使用常见的故障排除策略。学生应该能够识别问题的解决方案,如设备没有响应、没有电源、没有网络、应用程序崩溃、没有声音或输入密码不起作用。如果在学校发生错误,目标是学生使用各种策略,如在可能的情况下重新启动设备、检查电源、检查网络可用性、关闭并重新打开应用程序、确保扬声器已打开或耳机已插入、确保 Caps Lock 键未打开,以解决这些问题	故障排除	6.2 测试和完善计算机产品
1B-DA-07	**使用数据突出显示或建议因果关系、预测结果或传达想法** 数据分析的准确性与如何真实地表示数据有关。如果数据不充分或数据在某些方面不正确,基于数据的推断或预测就不太可能准确。学生在交流想法时应该能够参考数据。例如,为了探索速度、时间和距离之间的关系,学生可以匀速操作机器人,并以增加的时间间隔预测机器人以该速度行驶的距离。为了做出准确的预测,在不同的时间尝试一、两次是不够的。机器人也可以从传感器收集温度数据,但这些数据与任务无关。学生还必须精确测量机器人行走的距离,以便建立有效的预测。学生们可以记录下每天中午的温度,以此作为一年中某些月份气温较高的依据。如果在非上课日没有记录温度,或记录不正确,或在一天的不同时间记录温度,则数据将不完整,所传达的想法可能不准确。学生们也可以记录下收集数据的一周中的哪一天,但这与温度是高还是低没有关系。为了有足够和准确的数据来传达这个想法,学生们可能希望使用政府气象机构提供的数据	推理与模型	7.1 关于计算机的交流

续表

识别码	标准及具体的描述性陈述	子概念	实践
1B-IC-21	使用公共领域或创意型共享媒体，未经许可不得复制或使用他人创作的材料 伦理上的复杂性来自计算机提供的机会。在互联网上发送和接收媒体副本（如视频、照片和音乐）的便利性为未经授权的使用（如在线盗版）和无视版权创造了机会。学生应该考虑他们想要使用的计算机产品的许可证。例如，下载的图像或音频文件上的许可证可能具有禁止修改、要求归属或完全禁止使用的限制	安全法律与伦理	7.3 关于计算机的交流
1B-AP-12	修改、重新混合或将现有程序的一部分合并到自己的工作中，以开发新的或添加更高级的功能 程序可以分解成更小的部分，可以合并到新的或现有的程序中。例如，学生可以修改来自单人游戏的预先编写的代码，以创建规则稍有不同的双人游戏，将另一个场景混音并添加到动画故事中，使用代码从新的篮球游戏中的另一个程序中使球反弹，或者修改由另一个学生创建的图像	模块化	5.3 创造计算机产品
1B-AP-13	使用迭代过程来计划程序开发，并通过包含其他人的观点考虑用户的偏好 规划是程序开发迭代过程的重要组成部分。学生概述主要特征、时间和资源限制以及用户期望。学生应以故事板、流程图、伪代码或故事图等形式记录计划	程序开发	1.1 培养包容的计算机文化，5.1 创造计算机产品
1B-AP-16	在课程开发的设计、实施和评审阶段，与同伴合作时，在教师的指导下承担不同的角色 协同计算（Collaborative Computing）是通过小组或团队工作来执行计算任务的过程。因为这需要征求他人的意见和反馈，有效的合作能比独立工作带来更好的结果。在程序开发过程中，学生应轮流扮演不同的角色，如记录员、促进者、程序测试人员或计算机的"驱动者"	程序开发	2.2 关于计算机的合作
1B-IC-21	使用公共领域或创意型共享媒体，未经许可不得复制或使用他人创作的材料 伦理上的复杂性来自计算机提供的机会。在互联网上发送和接收媒体副本（如视频、照片和音乐）的便利性为未经授权的使用（如在线盗版）和无视版权创造了机会。学生应该考虑他们想要使用的计算机产品的许可证。例如，下载的图像或音频文件上的许可证可能具有禁止修改、要求归属或完全禁止使用的限制	安全法律与伦理	7.3 关于计算机的交流

续 表

识别码	标准及具体的描述性陈述	子概念	实践
2-CS-02	**设计硬件和软件组件相结合的项目来收集和交换数据** 收集和交换数据涉及输入、输出、存储和处理。在可能的情况下,学生应考虑功能、成本、大小、速度、可访问性和美观等因素,为他们的项目设计选择硬件和软件组件。例如,移动应用程序的组件可以包括加速计、GPS和语音识别。选择通过蓝牙连接与物理USB连接进行无线连接的设备时,需要在移动性和为无线设备提供额外电源的需求之间进行权衡	硬件和软件	5.1 创造计算机产品
2-NI-04	**模拟协议在跨网络和Internet传输数据中的作用** 协议是定义如何在计算机之间发送消息的规则。它们决定了信息在网络和因特网上传输的速度和安全性,以及如何处理传输中的错误。学生应该使用协议来模拟如何发送数据,以选择最快的路径,处理丢失的信息,并安全地传递敏感数据。例如,学生可以设计一个计划来重新发送丢失的信息或解释一张丢失的图片。这个级别的首要任务是理解协议的目的以及它们如何实现安全无误地通信。不期望了解特定协议如何工作的详细信息	网络通信和组织	4.4 开发和使用抽象
2-DA-09	**根据生成的数据优化计算模型** 模型可以是事件的编程模拟,也可以是各种数据如何关联的表示。为了完善模型,学生需要考虑哪些数据点相关,数据点如何相互关联以及数据是否准确。例如,学生可以根据与轨道的高度和角度有关的数据表来预测球将走多远。然后,学生可以通过比较预测结果与实际结果并考虑其他因素(如球的大小和质量)是否相关来测试和完善他们的模型。此外,学生可以根据测试结果改进游戏机制,以使游戏更加平衡或公平	推理和建模	5.3 创造计算机产品,4.4 开发和使用优化
2-AP-10	**使用流程图和/或伪代码(pseudocode)作为算法处理复杂问题** 复杂问题是学生在计算上很难解决的问题。学生应该使用伪代码和/或流程图来组织和排序一个解决复杂问题的算法,即使他们可能没有实际编程解决方案。例如,学生可以表达一个算法,该算法根据输入(如尺寸、颜色、品牌、舒适度和成本)生成购买运动鞋的建议。使用人量的输入和用户测试算法,学生可以改进他们的推荐算法,并识别他们最初可能排除的其他输入	算法	4.4,4.1 开发和使用抽象
2-AP-18	**当协同开发计算机产品时,分发任务并维护项目时间表(进度)** 协作是编程开发中常见而关键的实践。通常,许多个人和团体一起工作于项目中相互依赖的部分。学生应在其团队中承担预定义的角色,并使用结构化的时间线管理项目工作流。在教师的指导下,他们将开始创造集体目标、期望和公平的工作量。例如,学生可以将游戏的设计阶段划分为故事板、流程图和游戏机制的不同部分。然后,他们可以在团队成员之间分配任务和角色,并指定截止日期	程序开发	2.2 关于计算机的合作

续 表

识别码	标准及具体的描述性陈述	子概念	实践
3A-CS-02	比较应用软件、系统软件和硬件层之间的抽象级别和交互 在最基本的层次上,计算机是由物理硬件和电脉冲组成的。多个软件层构建在硬件之上,并与上面和下面的层交互以降低复杂性。系统软件管理计算设备的资源,以便软件可以与硬件交互。例如,文本编辑软件与操作系统交互以接收来自键盘的输入,将输入转换为位以进行存储,并将位(bit)解释为要在监视器上显示的可读文本。系统软件用于许多不同类型的设备,如智能电视、辅助设备、虚拟组件、云组件和无人机。例如,学生可以探索从电压到二进制信号到逻辑门再到加法器等的过程。对于计算机体系结构的特定高级术语(如 BIOS、内核或总线)的知识,在这个级别上是不需要的	硬件和软件	4.1 发展和使用抽象
3A-NI-04	通过描述路由器、交换机、服务器、拓扑结构和寻址(topology and addressing)之间的关系,评估网络的可伸缩性和可靠性 为每个设备分配一个地址,该地址在网络上唯一标识该设备。路由器通过比较 IP 地址来确定数据包到达目的地的路径。交换机通过比较 MAC 地址来确定哪些计算机或网段将接收帧。学生可以使用在线网络模拟器对这些因素进行实验	网络通信和组织	4.1 发展和使用抽象
3A-DA-12	创建计算模型,表示从现象或过程中收集的数据的不同元素之间的关系 计算模型根据选定的数据和特征对过程或现象进行预测。数据的数量、质量和多样性以及所选择的特征会影响模型的质量和理解系统的能力。对预测或推论进行测试以验证模型。学生应将现象建模为系统,并用规则控制系统内的交互作用。学生应根据实际观察分析和评估这些模型。例如,学生可以使用编程工具创建一个简单的生产者—消费者生态系统模型。最终,它们可以在物种之间建立更复杂、更现实的相互作用,如捕食、竞争或共生,并根据从自然界收集的数据评估模型	推理和建模	4.4 发展和使用抽象
3A-IC-24	评估计算机影响个人、道德、社会、经济和文化实践的方式 计算可以改进、损害或维护实践。公平缺失,如对计算机的最少接触、受教育的机会和培训的机会,与社会中更大的系统性问题有关。学生应该能够评估一个产品对广泛的终端用户群体的可访问性,例如,那些无法使用宽带或有各种残疾的人。学生也应该开始在设计过程中识别潜在的偏见,以最大限度地提高产品设计的可达性	文化	1.2 培养包容的计算机文化
3A-AP-19	通过整合用户反馈,系统地设计和开发面向广大受众的程序 程序的例子可以包括游戏、实用程序和移动应用程序。层次低一些的学生可以收集反馈并修改程序。在这个层次上,学生应该通过一个系统的过程来做到这一点,这个过程包括来自广泛受众的反馈。学生可以创建一个用户满意度调查和头脑风暴分发方法,可以从不同的受众那里获得反馈,记录他们在产品修订中纳入选定反馈的过程	模块化	5.1 创造计算机产品

续表

识别码	标准及具体的描述性陈述	子概念	实践
3B-DA-05	使用数据分析工具和技术来识别表示复杂系统的数据中的模式 例如,识别代表社交媒体互动、电影评论或购物模式的数据集中的趋势	收集、可视化和转化	4.1 开发和使用抽象
3B-AP-08	描述人工智能如何驱动许多软件和物理系统 例如,数字广告投放、自动驾驶汽车和信用卡欺诈检测	算法	7.2 关于计算机的交流
3B-AP-17	使用软件生命周期过程为广大受众规划和开发程序 流程可以包括敏捷、螺旋或瀑布	程序开发	5.1 创造计算机产品

(五)系统进阶的结构化表述与呈现方式有助于标准的操作和理解

《标准》的表述与呈现方式极具特点和优势,其实也是计算思维的一种体现。通过表格的方式,对具体的知识点进行描述,同时又将每个知识点置于整个知识体系中,非常有利于计算机科学知识的系统化和结构化,表明学科体系的成熟稳定,突显了学科知识的重点核心、学科能力的目标要求,同时兼顾课堂教学中实践的可衔接、有梯度和有层次。

布鲁纳提出"任何学科的任何知识,都可以用某种形式教给任何阶段的任何儿童"。作为结构主义课程论的代表,他提出重视学生认知结构的发展和学科的知识结构发展之间的相适性,提倡编写螺旋式上升的课程,以促进学生的思维发展。《标准》恰是其现代版的最佳例证。

《标准》中按照由低到高的等级、年龄、年级呈现,每一等级都包含五大核心概念,每一核心概念的条目,都是由识别码、标准及具体的描述性陈述、子概念和对应的核心实践组成。而每一个识别码又是由"等级代码+核心概念代号(字母)+序号"组成的,如1A-NI-04指1A等级,网络和互联网概念领域的第4个条目。

对于《标准》条目的研究,更多应该聚焦在具体条目在不同等级要求达到的内容和变化上,以算法和编程为例(如表3-3所示)。随着年龄的增长、认知水平的提高,学生对于变量理解的抽象程度、复杂程度不断提高,同时也增加了对计算机语言和数据结构的理解和应用。

表3-3 《CSTA K-12 计算机科学课程标准(2017年修订版)》中算法与编程中的算法和变量的条目①

识别码	标准及具体的描述性陈述	子概念	实践
1A-AP-08	通过创建和遵循算法(组分步指令)来完成任务,对日常流程建模 组合是将较小的任务组合成更复杂的任务(Composition is the combination)。学生们可以创建并遵循一些算法来制作简单的食物、刷牙、准备上学、参与清理时间	算法	4.4 发展和使用抽象
1B-AP-08	对同一任务的多个算法进行比较和优化,确定哪一个最合适 不同的算法可以得到相同的结果,尽管有时一种算法可能最适合特定的情况。学生应该能够从不同的角度来解决同一个问题,并决定哪一个是最好的解决方案。例如,学生可以使用一个地图并计划多个算法从一个点到另一个点。他们可以查看地图软件建议的路线,并将路线更改为更好的路线,根据哪条路线最短或最快,或避免出现问题。学生可以比较描述如何准备上学的算法。另一个例子可能是编写绘制正多边形的不同算法,并确定哪种算法最容易修改或重新调整用途以绘制不同的多边形	算法	6.3 测试和改进计算机问题,3.3 识别和定义计算机问题
2-AP-10	使用流程图和/或伪代码(pseudocode)作为算法处理复杂问题 复杂问题是学生在计算上很难解决的问题。学生应该使用伪代码和/或流程图来组织和排序一个解决复杂问题的算法,即使他们可能没有实际编程解决方案。例如,学生可以表达一个算法,该算法根据输入(如尺寸、颜色、品牌、舒适度和成本)生成购买运动鞋的建议。使用大量的输入和用户测试算法,学生可以改进他们的推荐算法,并识别他们最初可能排除的其他输入	算法	4.4,4.1 开发和使用抽象
3A-AP-13	利用学生先前的知识和个人兴趣,创建使用算法解决计算问题的原型 原型是一个计算机产品,它展示了产品或过程的核心功能。原型有助于在设计过程中获得早期反馈,并能洞察产品的可行性。开发计算机产品的过程包括创造性的表达、探索创造原型和解决计算问题的想法。学生创作的作品与他们的社区及其他地方的个人相关或有益。学生应该开发产品来响应一个任务或一个计算问题,展示算法的性能、可重用性和易实现性	算法	5.2 创造计算机产品
3B-AP-08	描述人工智能如何驱动许多软件和物理系统 例如,数字广告投放、自动驾驶汽车和信用卡欺诈检测	算法	7.2 关于计算机的交流
3B-AP-09	实现一种人工智能算法来与人类对手进行游戏或解决问题 游戏不必复杂。简单的猜谜游戏、Tic-Tac-Toe 或简单的机器人命令就足够了	算法	5.3 创造计算机产品

① 4表示发展和利用抽象,5表示创造计算(性)的产品。

续表

识别码	标准及具体的描述性陈述	子概念	实践
3B-AP-10	使用和调整经典算法来解决计算问题 示例包括排序和搜索	算法	4.2 发展和使用抽象
3B-AP-11	评估算法的效率、正确性和清晰度 示例包括排序和搜索	算法	4.2 发展和使用抽象
1A-AP-09	通过使用数字或其他符号来表示信息,模拟程序存储和操作数据的方式 现实世界中的信息可以用计算机程序来表示。学生可以使用拇指向上/向下表示是/否,在编写表示方向的算法时使用箭头,或者使用数字、象形文字或其他符号表示字母或单词对单词进行编码和解码	变量	4.4 发展和使用抽象
1B-AP-09	创建使用变量存储和修改数据的程序 变量用于存储和修改数据。在这个层次上,理解如何使用变量就足够了。例如,学生可以使用数学运算来增加游戏的分数或从游戏中可用的生命数中减去。使用变量作为倒计时是另一个例子	变量	5.2 创造计算机产品
2-AP-11	创建明确命名的变量,这些变量表示不同的数据类型并对其值执行操作 变量就像一个有名称的容器,其中的内容可能会更改,但名称(标识符)不会更改。在规划和开发程序时,学生应决定何时以及如何声明和命名新变量。学生应该使用命名约定来提高程序的可读性。操作的例子包括给分数加分、将用户输入与单词组合成一个句子、更改图片大小或将姓名添加到人员列表中	变量	5.1,5.2 创造计算机产品
3A-AP-14	使用列表来简化解决方案,将计算问题泛化,而不是重复使用简单的变量 学生应该能够识别多段代码中的共同特征,并替换使用列表(数组)来解释差异的单个段	变量	4.1 发展和使用抽象
3B-AP-12	比较和对比基本数据结构及其用途 示例可以包括字符串、列表、数组、堆栈(stacks)和队列	变量	4.2 发展和使用抽象

二、中国信息技术课程标准及实施的调查与分析

中小学信息技术课程的内容和实施,对于各国未来的发展具有前瞻性和基础性作用,同时也是回应我国"中央关心、群众关切、社会关注"教育问题的重要途径。随着《普通高中信息技术课程标准(2017年版)》的修订,信息奥赛、编程教育培训市场的火爆,学校信息技术的课程实施现

状和未来发展成为当下教育、社会与技术交汇的备受关注和亟待完善的问题。在全国范围内,面向学校的信息技术课程实施的情况如何?课程内容主要是什么?面临的主要困境是什么?目前还缺乏较为全面的调查研究。基于此,作者以全国教育科学规划国家青年课题"STEM教育创新与实践:中小学机器人课程建设的研究"课题为依托,通过在线问卷调研和实地调研的方式,对全国东、中、西部部分省市(县)的中小学信息技术教师和教研员进行了调查,试图对上述问题进行真实地呈现和分析,并提出对策建议。

(一) 中国信息技术课程标准的内容分析

2012年前后,国家对中国普通高中的功能定位是"为不同发展方向的学生提供有选择的课程"。截至2022年4月,新修订的系列义务教育课程标准未颁布之前,普通高中信息技术课程标准一直被各个教育阶段的信息技术课程视为主要的参考与指引。曾经舆论掀起过一场讨论,当时有一种偏隘、传统的观点认为,高中是大学升学的预备教育。教育部基础教育课程教材专家工作委员会主任委员王湛指出,"针对长期以来存在的片面追求升学率的倾向,新修订的课程方案强调,普通高中教育不只是为上大学做准备,还要为学生适应社会生活和职业发展做准备,为学生的终身发展奠定基础"①。因此,新课程方案进一步优化了课程结构,考虑到高中学生多样化的学习需求及升学考试要求,在保证共同基础的前提下,适当增加了课程的选择性,为不同发展方向的学生提供了有选择的课程,在课程类型上体现在将课程类别调整为必修课程、选择性必修课程和选修课程。必修课程全修全考;选择性必修课程选修选考;选修课程,学生可以自主选择修习,可以学而不考或者学而备考,为学生就业和高校自主招生录取提供参考。新课程方案与大学专业、现实

---

① 中国教育报.为学生的终身发展奠定基础——解读普通高中课程方案和课程标准(2017年版)[N]. 2018-01-17.

生活、职业教育的关联显著增加,例如设计了 5 类选修课程与大学专业对接,满足了学生在理工、经济、人文、艺术等方面继续深造的需求;通用技术"技术与职业"的课程内容也打破了普通教育与职业教育的藩篱。

新课程方案和课程标准首次凝练了学科核心素养,并围绕学科核心素养的落实,精选、重组教学内容,设计教学活动,提出考试评价的建议。同时,每一个学科课程标准的主题内容均由内容要求、教学提示、学业要求等部分组成,依据学业质量要求细化了评价目标,大部分学科还增加了教学和评价案例,强化了对教材编写、教学实施、考试评价的具体指导,能够帮助教师准确理解和把握课程标准的要义,增强课程标准指导性和可操作性。具体到高中信息技术课程标准,主要体现在以下 6 个方面。

1. 课程性质与基本理念

课程性质。旧课程标准突出综合实践性,新课程标准突出信息技术是一门基础课程。新课程标准强调构建具有时代特征的学习内容,兼重理论学习和实践应用,将知识建构、技能培养与思维发展融入运用数字化工具解决问题和完成任务的过程中,让学生参与到信息技术支持的沟通、共享、合作与协商中,体验知识的社会性建构,从而成为具有较高信息素养的中国公民。

新旧课程标准都是 5 个基本理念,新旧不同体现在以下 4 个方面。

① 首次提出立德树人的价值观,帮助学生有效利用信息、媒体、工具,优化其学习和生活,提高其服务社会的能力。帮助学生成长为有效的技术使用者、创新的技术设计者和理性的技术反思者。

② 课程结构由选修和必修两个模块,调整为必修、选择性必修、选修三个模块,满足了学生的多元需求。

③ 强调以学习为中心的教与学关系,在问题解决过程中提升信息素养,激发学生开放、合作、协商的行动意识,鼓励运用计算思维形成解决问题的方案。

④ 构建基于学科核心素养的评价体系。课程评价以学科核心素养的

分级体系为依据,注重情境中评价和整体性评价,评价方式能够促进基于项目的学习,能够完善标准化纸笔测试和上机测试相结合的学业评价。

2. 学科核心素养与课程目标

新课标详细阐述了什么是学科核心素养,从四个核心要素进行了具体描述,分别是信息意识、计算思维、数字化学习与创新、信息社会责任。其中,信息意识指个体对信息的敏感度和对信息价值的判断力;计算思维是采用计算机方式界定问题,运用合理的算法形成解决问题的方案,并迁移到与之相关的其他问题的解决中;数字化学习与创新指将信息技术作为工具,去学习和创新;信息社会责任指信息社会中的个体在文化修养、道德规范和行为自律等方面应尽的责任。新旧共同点是提升学生的信息素养。新课程目标旨在全面提升全体高中学生的信息素养,强调了全面性和全体性。课程通过提供丰富的资源,帮助学生掌握概念,了解原理,认识价值,学会分析问题,形成多元理解能力,从而成为合格时代公民。

3. 课程结构

其在设计依据上,以立德树人为指导思想,紧扣课程方案设置结构,参考国际标准突出前瞻性、体现学科自身发展特性,使得课程更为科学合理、有针对性。

课程结构由原来的必修和选修两类课程的 6 个模块改为必修、选择性必修和选修 3 类课程共 10 个模块。具体来说,新课标中必修课程分 2 个模块,分别为数据与计算、信息系统与社会,学分由原来的 2 学分改为 3 学分,每学分 18 课时,共 54 课时,以此作为学科学业水平合格性考试的依据。

新增选择性必修课程,共 6 个模块,每个模块 2 学分,每学分 18 课时,需 36 课时。作为必修课程的拓展与加深,学生可在修满必修学分的基础上,根据能力发展需要选学。其中,数据与数据结构、网络基础、数据管理与分析作为学科学业水平等级性考试的依据;人工智能初步、三维设计与创意、开源硬件项目设计三个模块作为综合素质评价的内容,以便更好地满足学生升学和个性化发展的需要。

选修课程包括算法初步和移动应用设计 2 个模块,为满足学生的兴趣爱好、学业发展、职业选择而开设,并列入学生综合素质评价的内容中。

从总体上来看,新课标课程结构的调整,不仅促使信息技术课程设置更具科学性、合理性,而且进一步顺应了我国高考改革,兼顾了升学与个性化发展,凸显了学科核心素养,满足了我国对数字化时代创新人才培养的需求。

4. 课程内容

旧课程标准的每个知识模块是从内容标准和活动建议两个方面进行说明的;新课程标准的每个知识模块是从内容要求、教学提示和学业要求三个方面进行说明的。相比 2003 版,2017 版课程内容中多出了学业要求板块,在学业质量标准、内容标准、课程教学建议中渗透了学科核心素养,让学生能够对人、信息技术和社会的关系进行深入理解,向学生提出了学业要求,蕴含了学科核心素养[①]。

2017 版课程标准内容最大的改变是取消 2003 版的选修"多媒体技术应用"模块,并将必修内容"信息技术基础"模块里面的部分软件操作与应用部分内容去掉,将剩下的内容拆分成两部分,分别是"数据与计算"及"信息系统与社会"模块。另外,保留 2003 版的"人工智能初步"模块,将"网络技术应用""数据管理技术"两个模块改为"网络基础"和"数据管理与分析",并新添了"数据与数据结构""三维设计"与"创意和开源硬件项目设计"三个模块。而"算法与程序设计"从选修部分中单独提出来,分为"算法初步"与"移动应用设计"选修课程。由此可见,2017 版课程标准较 2003 版在必修和选择性必修中增加了编程相关内容。对此,吴旭日认为 2003 版课程标准重在技能的掌握与应用,2007 版课程标准兼顾理论学习和实践应用,让学生在运用数字化工具解决问题的过程

---

① 李锋,柳瑞雪,任友群.确立核心素养,培养关键能力:高中信息技术学科课程标准修订的再思考[J].全球教育展望,2018,(1):46-55.

中,构建知识、培养技能与发展思维。新课标从内容的广度、深度,到知识的层次结构,都较旧课标发生了很大的变化①。

5. 学业质量

其首次提出用学生学业成绩表现来衡量学业质量,并以学科核心素养及其表现水平作为衡量学业质量的标准,以此来描述不同水平学习结果的具体表现。

学业质量水平分为 4 级,每级着重突出学生整合信息技术学科核心素养在不同情境中运用以解决核心问题的关键特征,同时每级又细分为 4 个等级,不同水平之间具有由低到高逐渐递进的关系。学业质量水平的高低是阶段性评价、学业水平合格性考试和学业水平等级性考试命题的重要依据,其中学业质量水平 2 是高中毕业生在本学科中应达到的合格要求,而学业质量水平 4 则作为学业水平等级性考试的命题依据。

6. 实施建议

实施建议主要从教学与评价建议、水平等级考试命题建议、教材编写建议及课程实施建议 4 个方面展开。

（1）教学与评价建议

在教学建议上,紧密围绕学科核心素养,凸显"学主教从、以学定教、先学后教"的专业路径,具体从领会学科核心素养、把握项目学习本质、重构教学方式、创设数字化学习环境 4 个维度,引导学生全面提升信息素养,养成终身学习习惯。

首先,领会学科核心素养,全面提升学生信息素养。在教学中能够从提高学生信息意识、引导学生亲历计算思维过程、创设数字化学习与创新环境及提升学生信息社会责任的角度来设计和组织教学。

其次,把握项目学习本质,开展基于项目的学习。以信息技术学科

---

① 吴旭日.聚焦核心素养注重探究实践:《普通高中信息技术课程标准(2017 年版)》解读[J].福建基础教育研究,2018,(7):127-130.

核心素养养成为目标,在教学中,依托从整体到阶段的教学设计思路,在项目中渗透学科核心素养,整合知识与技能。

再次,重构教学组织形式,凸显学生学习探究性。在师生角色定位上,体现"学主教从",学生是项目的设计者、实施者和项目成果的推介者,而教师作为学生项目设计和实施过程中的引领者和咨询者。在教学中,教师鼓励学生自主探究,在"尝试—验证—修正"的"试错"过程中,促进思维发展。同时,突出对学生个性化的指导,创建网络学习空间,通过组建互助小组,引导学生在交流互助中共同提升思维和能力。

最后,创设数字化学习环境,提供丰富的课程资源。在教学中,教师要将现实空间和虚拟空间结合起来,以便于改善学生学习方式,拓宽师生互动交流渠道,同时,围绕学科核心素养,用"互联网+"思维构建可持续发展的学习资源。

在评价建议上,首先,从评价原则上,强调评价对教学的作用、评价对象的全面性、评价方式的多元性和评价内容的合理性,更多地注重公平公正和过程性评价;其次,在评价活动的设计和实施上,从课程必修、选择性必修和选修三个模块,和从多个维度来确定评价内容;最后,在评价方式上,建议整体采用纸笔测试和上机测试相结合的方式,其中纸笔测试控制客观题型,适度设置开放性题目;上机测试注重过程性评价,同时注重评价结果的反馈。

(2)水平等级考试命题建议

新课程标准对学员水平考试和水平等级性考试都做出了要求,并对命题建议从品德教育、注重基础、突出能力和实用性方面去考核,突出了新时代学生的特点,符合素质教育的要求。

(3)教材编写建议

教材编写建议原则上依据课程标准,反映社会进步,同时考虑教学主体——学生的身心发展水平,鼓励编写特色教材、校本教材,倡导电子版等新的教材形式;在内容选择上,建议从素质教育、终身教育、广泛实用性、联系实际和时代等方面选择;在内容编排上,注重教与学的平衡,增加选做活动、重视作业系统,同时兼顾图文并茂。

(4) 地方和学校实施建议

关于师资,其要求在加强师资队伍建设的同时开展教师培训和教育活动。在开展培训时,建议将重点放在新课程理念和课程标准上,从教师知识水平和技能水平出发,加强教师学科专业知识培训。

关于基础设施,在教室和实验室建设上,要求数量合理,符合日常教学要求。

关于教学资源,重视数字化教学资源建设。

(二) 基于实地调查的研究设计

为获取较为全面真实的调查数据,课题组对问卷内容和施测方案进行了多次讨论、试测和修改并最终定稿。问卷的主要内容和结构如表 3-4 所示。

表 3-4　问卷主要内容和结构

一级维度	具体内容
课程标准	态度感受
教材使用	使用版本
	使用频率
	课程内容
教学实施	开设年级
	课时安排
	课程形态
	课程地位感知
考试评价	评价方式
	评价效果
师资建设	教师专业
	校内兼任工作情况
	教学效能感
校外培训	参与情况
	教育消费
	竞赛参与及获奖

本次调研主要采取访谈、在线问卷调查、实地考察与课堂观察等多种形式,在 2019 年 6—12 月进行,覆盖东、中、西部地区,尽可能全面地反映全国的实施情况,基于可行性原则,调研样本涉及北京市、天津市、上海市、广州市、深圳市、西安市、成都市、河南省、河北省、湖北省、贵州省、云南省、广西壮族自治区、新疆维吾尔自治区,共计 7 省(自治区)7 市,覆盖小学、初中、高中的 1 223 名信息技术教师及教研员(如表 3-5 所示)。本次调研共发放问卷 1 223 份,回收问卷 1 021 份,其中有效问卷为 953 份,问卷有效率为 93.34%,调查结果通过 SPSS 进行统计分析。

表 3-5 调研地的区域

东部	北京市、天津市、河北省、上海市、广州市、深圳市
中部	河南省、湖北省
西部	西安市、成都市、贵州省、云南省、广西壮族自治区、新疆维吾尔自治区

(三)调查结果分析

本次调查重点聚焦在学校内面向全体学生的信息技术课程,主要目的在于发现问题、分析问题。因此,调查结果主要呈现当前我国中小学信息技术课程建设与实施过程中的突出问题与挑战。

1. 信息技术课程内容选择随意零散,以操作性和工具性教学内容为主

课程标准方面,义务教育阶段教师大多数(81.6%)呼吁旧版课标亟待更新,高中阶段教师则反映 2017 年版课标在观念和知识层面均需要适应和针对性的培训,在目前的教学中存在较大的挑战,71.9% 的教师不适应新课标(如表 3-6 所示)。

表 3-6 不同教育阶段对于信息技术课程标准的适应性与需求程度

	课程标准	非常符合	比较符合	一般	不太符合	非常不符合
义务教育	需要更新	78.1%	3.5%	5.5%	3.3%	5.1%
	教学适用	38.4%	35.3%	10.2%	10.1%	6.0%

续表

	课程标准	非常符合	比较符合	一般	不太符合	非常不符合
高中	需要培训	82.3%	5.5%	0	3.4%	8.8%
	教学适应	5.5%	10.5%	12.1%	50.5%	21.4%

教材版本方面,目前各地各校采用的版本较多,人教版、粤教版、湘教版、西师版、闽教版、重大版,还有上海市、天津市等地方教材、校本教材,有些学校则购买并使用了培训机构或科技企业提供的课程套件和配套讲义;在教材使用情况方面,教师从他们的角度观察和判断,学生的使用率很低,他们提出对学生的适用性和实用性需要加强。有些教师指出,有的教材就像软件使用说明,不具有教育教学的引导性。

教学内容方面,小学和初中均以基本的 Office 软件、工具操作为主,高中则以学业水平测试为目标和导向,讲授人工智能的陈述性知识和 VB、Python 编程的程序性知识。课堂教学仍然偏重知识记忆和工具操作,对于计算思维等信息技术学科的核心素养培养还有一段距离。

2. 学校对信息技术课程重视不够,开设时间不充足

问卷数据显示,在开设年级段方面,被调查教师中,82.8%的小学教师、76.5%的初中教师、91.0%的高中教师的信息技术课程分别开设在三四年级、初一年级和高一年级,均为非毕业年级。在课程形态方面,小学主要作为综合实践课程的组成部分,偶有与其他学科整合开展的情况,每学期根据区域或学校的规划而设定课时,8~25节不等;也有少部分城市或学校以信息技术为特色专项发展,将其作为独立课程开展;初中和高中则均为独立课程,但仅在一年级开设;更高层次和更个性化的教学需求,更多体现在社团或选修课中,并以竞赛为主要驱动和目标,并且这种现象随着年级的升高而愈发凸显。在对学科地位的感知方面,信息技术学科作为非核心考试的"小学科"不受重视,作为任教教师的感受,年级越低不受重视的感受越强烈;通识性的信息技术课程在学校的课时设置中占比相对较少(如表3-7所示)。

表 3-7　中小学信息技术课程实施情况

具体题目	选项内容	小学	初中	高中
课程形态	独立	8.3%	40.1%	51.6%
	综合 （与其他学科整合）	40.7%	49.0%	10.3%
	校本课程 （选修课程、社团活动等非正式课时）	14.9%	10.0%	22.1%
	其他	36.1%	0.9%	16.0%
课时量	5 节及以下	63.4%	53.4%	62.6%
	6～9 节	22.9%	15.7%	31.4%
	10～13 节	6.6%	12.4%	4.5%
	14 节以上	7.1%	18.5%	1.5%
学科地位感知	非常不受重视	61.2%	33.7%	47.3%
	不太受重视	23.4%	31.2%	21.2%
	一般	5.5%	15.7%	8.3%
	比较受重视	8.2%	10.6%	22.4%
	非常受重视	1.7%	8.8%	0.8%
相关社团的感知（创客、机器人等）	非常不受重视	15.6%	15.4%	8.4%
	不太受重视	22.1%	18.4%	10.6%
	一般	10.7%	22.3%	48.2%
	比较受重视	31.9%	32.7%	11.5%
	非常受重视	19.7%	11.2%	21.3%

3. 信息技术课程的教学和评价方式陈旧，无法有效培育学生学科核心素养

在课堂教学的观察和访谈中发现，其大多采取"教师讲授—学生记录笔记—上机操作"的教学模式（67.2%），是否采用小组合作学习的形式主要取决于教学条件，如计算机、机器人套件的数量，而是否采用项目式学习，则更多依赖于教师的教学理念和教学设计。在考试评价与学习效果方面，77.1%的被访高中教师反映仍是采用传统的终结性纸笔测试，学生在记忆的基础上背诵、默写编程语言和程序，很多教师反映"题目稍

微一变,学生就不会了"。校外竞赛成为评价学校的重要依据。面向所有学生的日常性考试评价单一,无法满足核心素养、计算思维的培养要求,这也是目前制约信息技术学科发展和人才培养的重要制度性原因之一。

4. 信息技术课程教师职业吸引力不强,教师队伍专业化水平参差不齐

受高考应试导向强的影响,信息技术在学校教学实践中不受重视,因此信息技术教师的职业吸引力和职业发展受限,大多数任教教师在学校的教学地位占比为 71.3%、教学成就感占比为 83.6%。小学和初中的信息技术教师 82.3%本科专业非计算机相关专业,同时超过八成的教师兼任其他行政职务,主要涉及电教工作、团队工作。高中信息技术教师 65.8%由计算机科学、机械工程、应用数学等相关学科构成,58.3%达到硕士以上学历,一半以上兼任社团工作,非教学型的工作量大,但专业性明显高于义务教育阶段。

5. 信息技术课程实施中的教育公平程度亟待提高,特别是在区域差异和校内外教育方面

从校内教育来看,以面向竞赛获奖为主要目标的学校教育,主要依托社团推进,小学和初中采取创客或 STE(A)M 社团形式,高中采取机器人社团的形式,而社团主要依靠外聘教练占比为 75.3%,并且受重视的程度直接取决于参赛的成绩。从校外来看,教师反映对编程有兴趣的学生或有要求的家长比较多,校外市场上提供的产品和服务也非常多样,在线编程和线下编程不断被家长和学生所接受,他们大多会自己消费购买校外培训机构的编程课程占比为 50.3%。参与校外培训的区域差异较大,呈现出 0.01 水平显著性差异($F=5.62, P=0.00$),且东部>中部>西部。而教师们的很大困扰是校外编程培训对校内信息技术课的挤压,使得他们在信息技术课程上很难选择教学内容,这对于教师教学的积极性也产生了很大的影响(如表 3-8 所示)。

表 3-8　不同区域对于校外编程培训的参与差异性分析

区域	平均值±标准差	F 值	P 值
东部	3.32±0.72		
中部	3.25±0.80	5.62	0.000**
西部	3.26±0.66		

注：* 代表 $p<0.05$，** 代表 $p<0.01$。

三、比较及启示

(一) 我国信息技术课程标准的发展脉络

早在 1984 年，邓小平同志就指出"计算机的普及要从娃娃做起"。2017 年和 2018 年，人工智能两次被写入政府工作报告。可见，关于信息技术教育的重要性和紧迫性，国家在战略规划层面一直拥有着充分的认知。但是在落实到课程教材和课堂教学的具体实践过程中，却充满挑战。

信息技术学科课程标准的修订随着我国课程改革的推进而不断更新。2000 年，以推进素质教育为核心的"新课改"（第八次课程改革），在课程体系上实现了重大的创新，三维教学目标以国家、地方、学校的三级课程管理体系和"一纲多本"为主要特征。教育部印发了《关于在中小学普及信息技术教育的通知》和《中小学信息技术课程指导纲要（试行）》，提出分阶段、分区域将信息技术课程列入中小学生的必修课程，但实际教学中信息技术大多作为综合实践活动课程的一个主要内容存在。其在知识与技能维度上强调"信息技术课程教材目前要以计算机和网络技术为主，让学生了解和掌握信息技术的基本知识和技能"。2001 年和 2003 年，国家先后发布了《全日制义务教育信息技术课程标准（实验稿）》和《普通高中信息技术课程标准（实验稿）》。但随着社会经济和信息技术的快速发展，该课程标准在实施过程中也出现了"高中与初中内容重复率高，缺少合理衔接""必修模块的内容范围广、要求浅、课时过少"等问题①②。2012年,国家出台了《基础教育信息技术课程标准(2012版)》,其最大特征在于既是对国家课程标准体系的补充,又是中国教育技术协会信息技术教育专业委员会对基础教育信息技术课程的整体认识,可以作为各省市地方课程设计及实施的参考,具有一定的"民"的色彩。由于缺少第三方的环境和课程资源的有力支持,政府又需要规避利益问题③,因此义务教育阶段信息技术课程标准的出台存在多重挑战。2014年,教育部发布《教育部关于全面深化课程改革落实立德树人根本任务的意见》,这标志着基础教育课程改革进入深化阶段,并对原有的课程体系进行某种程度的纠偏与修正。在课程目标上,从三维目标深化到核心素养,围绕学科核心素养修订基础教育课程标准;在课程管理上,强化了国家对语文、历史、德育等课程的管理和控制;在课程评价上,加强了学业质量管理和国家统一考试的力度④。2017年,国家发布了修订的《普通高中信息技术课程标准》和《普通高中通用技术课程标准》,更加关注学科育人和核心素养。二者存在一定的交叉但又各有侧重,"信息技术"突出信息意识、计算思维,"通用技术"侧重技术意识、工程思维。同时,在课程结构方面,考虑到高中学生多样化的学习需求及高考要求,在保证共同基础的前提下,其适当增加了课程的选择性,为不同发展方向的学生提供有选择的课程,力求实现因材施教。

目前,我国学者和教育教学工作者对信息技术课程标准的认识和重视程度不断增强,在教育改革与教学实践中形成了一定的判断与评价标准。人们对于面向中小学的基础教育信息技术课程标准的修订版的出台呼声越来越高,认为现行的"标准"与教学无法满足信息技术的发展和

---

① 肖广德,郭芳,樊磊,等.《普通高中信息技术课程标准》实施情况调研结果与启示[J].课程·教材·教法,2014,(1):50-55.
② 李锋,柳瑞雪,任友群.确立核心素养、培养关键能力:高中信息技术学科课程标准修订的再思考[J].全球教育展望,2018,(01):46-55.
③ 葛文双,傅钢善,史婷.我国中小学机器人教育发展中的问题分析[J].中国教育信息化,2008,(8):4-7.
④ 龙安邦,余文森.我国基础教育课程改革与发展70年[J].课程·教材·教法,2019,(2):11-18.

学生的需求,过于注重软件应用的能力和学习模式[①];对于2017年发布的《普通高中信息技术课程标准》,目前仍处于实践中的探索检验阶段,各方相关群体通过新旧版本的比较分析,旨在改变过往信息技术课程内涵不足,寻找信息技术课堂教学可行的切入点与科学的依归,转变"狭义工具论"指导下的技术操作训练和利用技术解决问题成为教育的全部现状[②],思考如何将计算思维融入学科教学和学科素养中。

(二) 对我国信息技术课程标准修订的启示

对比《标准》进行研究分析发现,我国的信息技术教育课程改革、课程标准的修订、学科素养的培养,与美国有很多共通之处,也存在很大差异。《普通高中信息技术课程标准(2017年版)》的颁布,转变了旧版课标中以提高学生技术素养为主的目标,已经释放出在课程、教材和教学上转型的信号,信息素养、计算思维、数字化学习与创新、信息社会责任这四大领域的关照维度,本质上与《标准》的框架维度是一致相通的,但同时在教学目标、教学重点难点的要求上,又有不同程度的降低。这体现出我国普通高中信息技术的课程标准,是基于国际前沿与本土实践研制的。与此同时,信息技术的学科定位也正在转变,信息技术不再是只适于少部分学生的"特长",而是面向所有学生、扎根于日常课堂教学的常规学科。

经过对《标准》逐条研究、整体分析发现,在教育理念、内容结构、表达方式等方面,其还有很多细节值得借鉴。课程标准的专业性、引领性、示范性、规范性和操作性越强,就越有助于这一学科的课堂教学革命真正地发生,越有助于信息技术的普及、学生计算思维和信息素养的普遍提升。

首先,强化教育理念的转变,转变对信息技术学科的工具性认知,注

---

① 弋草,王晶莹.信息技术课程标准对学科能力要求的嬗变[J].中小学电教,2019,(11):39-43.
② 钟柏昌,李艺.计算思维的概念演进与信息技术课程的价值追求[J].课程·教材·教法,2015,(7):87-93.

重高阶思维的培养。对比中美课程标准会发现，美国重视逻辑训练，中国重视工具应用训练；美国力推编程内容，中国重视培训操作技能。我们应逐渐转变对信息技术作为软件操作、工具使用的认知判断，将信息技术作为一种载体和内容，注重对学生思维的培养。作为数字原住民的当代学生，无论城乡，熟练操作、使用计算机、平板计算机或手机移动设备及各类基本软件，已经是普遍的生活基本技能。加之软件操作的引导性、便捷性与友好性，软件操作成为一种"主动试误＋自我纠正"的迅速自适应的过程。教师如果在学校的课堂教学中，还以软件基本操作为主，则无法激发学生学习的主动性，更无法提高学生的思维水平和关键能力。信息技术课不等于 Office 操作课，也不等于编程课。因此，在课程标准的设置中，凸显学科专业性，兼顾工具价值与思维品质，应提高思维培养的比例和难度。特别是在核心素养和学科融合（STEM）的视野下，基于基本知识和基础技能之上的创新力、学习力、思考力，抽象思维、逻辑思维、批判思维等，才是学生未来社会生存和发展的必备素养。

其次，优化内容结构，重点突出，注重纵向连续、横向联通。一门成熟的课程应该能为不同需求的学生提供适合的课程内容。国家应该采用具有一定空间和弹性的课程结构，在教材内容的编排上要能唤起学生对信息技术的探求渴望和对信息文化的纵深体验①。目前，《普通高中信息技术课程标准（2017 年版）》中的一级维度框架已经相对完备，以此为参照，进一步优化基础教育阶段的课程标准的内容结构才是推动课堂教学有效变革的实质。国家课程标准的首要原则是面向全体学生可教可学，既需要有底线思维，又要有可延展性。因此，在阶段划分上，可以借鉴《标准》，不针对具体每个年级进行内容设置，而是按照学生思维发展水平的阶段性和学科内容体系，给予不同区域、不同师生一定的空间和弹性，将义务教育阶段划分为 3～4 个教学段。从小学到高中的信息技术课程标准应注重学科知识的系统性和连贯性，既要能够与现行的《普

---

① 肖焕之. 义务教育信息技术课程标准再思考[J]. 中小学信息技术教育，2009，(4)：22-23.

通高中信息技术课程标准(2017年版)》连接,又要能与其他跨学科概念横向联通,体现稳定的核心知识和不稳定的非核心知识的结构分布,从而更好地帮助师生理解学科的重点与本质。

再次,将信息技术课程作为促进教育公平的"最后一公里",兼顾区域差异的全纳性信息技术教育和公平包容的计算机文化,践行有教无类。计算机科学是当今和未来社会促进经济发展和实现社会流动的一项基本的必要能力,缩小信息素养的差距,就是促进公平的有效手段之一。越是在贫困欠发达地区、高寒高海拔地区、少数民族地区等,越应该注重信息技术课程的开设。理科教育和工业等实业类产业的落后,是这些地区发展面临的根本问题。课堂教学,是决定课程改革成败的"最后一公里"。因此,更应该加强这类地区信息技术课程的开展。在开设时间上,建议从一年级开始,一方面学生经过2~3年的学前教育已经具备了一定语言基础;另一方面,逻辑思维的培养需要从小开始、循序渐进。在内容和结构上,应注重学科知识的系统性和连续性,根据不同年龄阶段的心理与认知发展特征、课程实施的形式、课时安排、教师配置等条件,制定相应的教学内容和教学目标。小学低年级阶段,以培养兴趣和科学精神为主[1],小学中高年级阶段,逐渐增加对于思维习惯、信息意识的培养,初中和高中阶段不断增加编程等计算机科学的主体内容,注重批判思维、逻辑思维、团队协作等能力的培养。教学内容的安排,应优先考虑教学对象的全纳性和区域差异,转变对区域、民族和性别在认知思维上的刻板印象,将信息技术课程作为促进公平、提高学校吸引力的有力载体。越是信息技术学科发展滞后的地区,越需优先发力。如《框架》提出,面向低年级学生和初学者,可以使用各种各样的方法让他们感觉编程更容易接受,图形化编程可以减少语法错误或语言文字带来的障碍,学生可以更有趣味地学习变量、循环、条件语句、函数、事件等,同时教师也可以迅速学习并将计算机科学融入学生的课堂之中。即便在没

---

[1] 王学男,林众,朱慧.基于科学素养的机器人教育与人才培养:访清华大学人工智能研究院院长张钹院士[J].中国电化教育,2019,(6):1-5.

有网络的情况下,也可以通过离线资源来实现,如离线的软件或将可视化编程的模块变成实物或者游戏。

最后,细化明确教学内容、知识要点等具体标准,完善教学组织形式、教师培训指导手册、教学素材资源、教学课例、教学评价等各种配套性资源。信息技术被认为是弥补区域差异和师资结构性不足的最有可能的手段。而信息技术课程,作为一种传统课程体系中的"小学科",目前处于"后发先至"的环境和目标中,应通过技术优势和制度优势来弥补现有的人力资本的弱势。考虑到区域差异、师资薄弱的现实限制,教师需在课程标准的主体内容上,进一步清晰明确教学内容和教学要求,可以参考《标准》的表达思路和方式,在配套资源上,需要增加教学组织形式、教师培训指导手册、教学素材资源、教学课例、教学评价等辅助性资源。这些配套性资源才是帮助课程标准扎根于课堂教学的保障。否则,在大多数地区信息技术教师的专业性不强、信息技术课程很难融入其他学科的现行现实下,课程标准是无法落到实处的。配套性资源的配置,就是为信息技术课程标准提供在学校教育、课堂教学中生根发芽的土壤和养分。当国家课程标准颁布后,如何在学校层面落实教育理念、如何安排课时、不同学科不同专业的教师如何选取合适内容进行融合性教学、如何突破现行的纸笔考试、如何利用身边有限的资源开展教学、如何将计算思维教给低年级的学生、如何将信息技术教给少数民族学生,都需要配套资源的同步触达才能实现。

(三) 对我国课程教学实践的启发和借鉴

迄今为止,许多国家很早就让儿童接触编程。韩国从 2007 年对自身教育系统进行反思总结后,加强了中小学对编程教育的重视程度和课程比例。2014 年,美国将编程教育纳入义务教育体系,面向 5 至 16 岁的儿童全面授课。让编程成为小学教育的一部分,是日本迈出的重要一步。日本编程教育推进团体"大家的代码"代表理事利根川裕太认为,"考虑到教师的教学负担,(编程)目前在小学里就教到接触导入部分的程度比较合适"。但是,日本东洋大学信息合作专业的坂村健院长则对未来形势表示担忧,认为"现在日本虽然把编程列为小学必修内容了,但是和国外的教育比起来还远远不够。如果不把编程专门列为一门学科,并不断充实内容,日本还会在世界上落后"。据《日经亚洲评论》报道,为了让日本的下一代掌握飞速发展的信息技术,弥补日本IT技术人员短缺的缺陷,日本强制将编程加入小学课程之中。日本小学生已于2020年4月开始正式学习编程。在日本政府统一发布的教学大纲和教材中,自五年级起,学生将学习与编程相关的基础知识,利用程序画出多边形和LED相关的内容,分别设置在五年级的数学课和六年级的科学课中。基础编程的课程目标在于,让学生利用编程处理信息,并通过试误,让其有逻辑思考的能力。从2012年起,编程就成为日本中学"技术和国家经济"课程的一部分;2021年,日本政府将扩充编程课程。2022年,编程在高中阶段的信息技术必修课中占主导地位。日本的许多IT技术专家都是通过公司培训或自学成才的。越来越多的日本私立大学也开始在信息技术领域设立专业或研究生院,如1990年创立的日本庆应大学藤泽校区。虽然职业教育和高等教育的改革成效显著,但公立学校经常会被一些烦琐程序拖慢进度。韩国在2007年修改了本国教育课程,在初等、中等教育阶段正式开展编程教育。而英国从2014年起,在5～16岁学生的义务教育中加入了编程教育。此外,还有不少国家都在积极采取措施,推广并加强针对学生的IT教育。

将编程教育纳入义务教育,面向全体学生,是普及编程教育中最为关键也是最具挑战的一环。实际操作还有许多障碍需要克服,如获取和连接教室电脑设备、培养学科教师等。其实,这些年我国部分城市的中小学也零零星星逐步地开展了一些"编程教育"的实践与探索,与国外的编程教育也存在着相同的问题和挑战:在小学的课外活动和社团活动中,学生们可在计算机上体验动画人物的程序设计,通过创客社团实现编程,并且参加国际、国内的各类比赛,但没有大范围、全覆盖地进行系统性学习;不少初中在信息技术课程中教导学生进行编程,其他学科很少涉猎,学科存在较大的局限性和学科壁垒;虽然高中选修课已纳入程序设计,但是选修的学生数仅占全体学生的20%甚至更少,学生参与面不广。

但面对未来,人工智能时代给社会和产业结构带来的变化,世界各国针对中小学开设"编程教育"的现状已经成为必然趋势。因此,从战略定位和人才培养的宏观视角来看,中小学教育不仅要培养高效率的劳动者,而且还要通过教育改革培养能创造出新价值的人才。所以,学校教育不仅要教会学生生存的知识与技能,还要培养学生在未来智能化时代活跃在国际舞台所需要的资质和能力[①]。

那么,开设什么样的课程、如何开设并实施课程达成上述的培养目标,成为我国教育改革与发展的重要课题。2018年9月10日,习近平总书记在全国教育大会上强调,教育是民族振兴、社会进步的重要基石,是功在当代、利在千秋的德政工程,对提高人的综合素质、促进人的全面发展、增强中华民族创新创造活力、实现中华民族伟大复兴具有决定性意义。教育是国之大计、党之大计。创新驱动实质上是人才驱动。中国要实现2020年进入创新型国家行列、2030年跻身创新型国家前列、2050年建成世界科技创新强国的战略目标,必须把培养创新型人才作为一项长期性、系统性和战略性的工程来努力推进,要把人才培养的重心前移,关注发展创新导向的基础教育,从而形成创新型人才培养开发的健康起点[②]。

培养什么人,是教育的首要问题,更是基础教育工作的根本任务。以创新导向来引领基础教育发展,必须根据教育对象的特殊性,遵循创新型人才培养规律,综合施策。随着科技的发展,社会对人才的需求呈现出两种态势,即专业化和综合化,培养能够打破学科壁垒、职业壁垒的复合型人才成为大势所趋。培养此类人才绝不仅仅是高等教育的任务,国家应该从基础教育着手,积极开发学科交叉型课程,为培养跨界复合

---

① 罗朝猛."编程教育":日本中小学的必修课[J].教书育人,2018,(2):29-30.
② 吴帅.创新人才来自创新的基础教育[N].光明日报,2018-09-23.

型人才打下基础。

起源于美国的STE(A)M教育恰恰就是学科交叉型教学的典范。它并非学科内容的简单叠加,而是强调将科学(Science)、技术(Technology)、工程(Engineering)、人文(Art)、数学(Math)等学科组合形成有机整体,从多学科知识综合应用的角度提高学生解决实际问题的能力。培养面向未来的创新型科技人才,应当鼓励和支持STEM教育在基础教育阶段的普及和发展,改变传统的模块化、割裂式课程框架。2018年,我国启动了"STEM教育2029行动计划",在国家层面迈出了重要一步,有利于提高学生的科学探究、创新意识和解决复杂问题的能力,培养一批面向未来的创新型人才。

科技成果转化难一直是困扰我国科技发展的难题,从人才培养的角度看,造成这一问题的原因与教育环节中的"重理论、轻实践"有关。由于受中、高考的影响,初中、高中的大部分学生、家长和学校仍然比较看重学生的学习成绩,因为学习成绩好意味着有很大可能可以进入更好的高中和大学。虽然,近年来由于素质教育的改革实施,部分学校尤其是小学对科技教育重视程度有所提高,但对创新教育重视还是明显不足。很多孩子考试做起试卷来表现不错,但到了解决实际问题时就不知从何下手了。这一现象反映的其实是创新精神和实践能力的短缺。推广运用项目式教学,提高学生自主解决问题的能力。好的教育不仅是让学生学会问"为什么",回答"是什么",而且要帮助学生解决"怎么办"这个问题。发展项目式教学是产学研结合的人才培养模式在基础教育阶段的应用。它摒弃传统"填鸭式教学"的方式,通过项目研究、项目实施的基本方法,突出主题式教学,通过某一主题将相关知识串联,同时又通过对某一问题的分析、探究、方案设计及执行等来培养和提升学生的创造性思维与解决问题能力。

在欧美发达国家,从幼儿园开始学校就会组织学生参观工厂、农场、消防局等课外研学活动。近年来,研学旅行在我国开始普及并迅猛发展。2016年,教育部等11个部门联合印发了《关于推进中小学生研学旅行的意见》，建议今后在研学旅行课程开发中融入更多的科创元素，在通过活动锻炼提高儿童的社会性能力的同时，更能通过与大自然和社会的接触，体验并理解有关物理、化学、生物、地理、天文以及工程等方面的知识。

儿童是国家发展的未来，在基础教育阶段发展创新导向的教育是战略性人才开发的重要起点。要推进这一目标的实现，家长教育理念的转变、学校教育模式的革新、政府教育政策的支持、社会教育资源的供给四方面需要形成合力，缺一不可。国家要以战略的眼光，从人才开发的角度去思考和谋划教育改革问题，大力发展创新导向的基础教育，培养造就一大批能够支撑"2050年建成世界科技创新强国"目标的创新型科技人才。

第一，正确理解编程和学科课程、育人目标的关系。培养学生适应未来社会的思考力、判断力和表现力，"编程教育"是一个好的载体与突破口。以信息技术为手段，有利于培养学生创造性地思考和解决问题的能力，能助力学生实现主体性、对话性的深度学习。编程不仅是让学生们掌握计算机程序的编辑技术，更是为了培养学生们的逻辑思考能力。在快速的技术革新中，如果学生拥有了由"编程思维"培养的能力，无论编程和信息技术的现状和未来如何变化，都可以进行正确应对。"编程"不是学习特定的编码，而是掌握"编程思维"，因为在信息技术越来越走近人类的生活中，人类不只是被动享受那些服务，更是要理解其工作，更好地服务于人类和社会建设。

第二，从国家层面到学校主体，面向所有学生提供必要的学习环境、学习资源和学习机会。如日本，文部省2020年全国小学必须确保为学生提供计算机编程体验学习机会，到2021年初中必须提供计算机编程课程内容，到2022年高中必须提供情报科学学习内容，制定《教育信息化加速计划》，根据学生个性需求提供信息化教学资源，以增强学生对计算机、大数据等的理解。根据日本文部科学省2017年6月发布的《新一期学习指导要领解说》，日本中小学倡导开展的编程教育并非一门独立的新课程,而是将其融入理科、数学、技术、家庭、综合学习时间、特别活动、校外活动等现行的学科和学校活动中。譬如,在综合学习时间,在开展"编程教育"的过程中,体验编程是在综合学习时间中作为学习本质的一种探究,所以需要充分考虑孩子探究性的学习。另外,课题是各学校按照学校教育目标来设定的,为此,要求学校对区域的课题和环境的课题等教材进行开发。围绕2020年开始的中小学编程教育必修化改革,日本社会普遍持赞同与支持的态度。有一专项调查结果显示,仅有约7%的妈妈持反对意见。约50%的妈妈表示十分赞同,而赞同的原因多为"能够让孩子掌握未来更多信息化社会所需的能力""能给孩子提供未来职业选择的机会"等,这与美国和我国的情况是一样的。

第三,打破学科壁垒、创新教育理念,进行横纵贯通的学科融合。在当下及未来一段时间内,科学课程、综合实践课程等学校实践类课程,成为我国中小学生信息素养和技术素养培养的主渠道和主阵地。在国家层面,中小学信息技术必修课的地位不断得到加强。在"信息技术与其他学科教学整合"以及社会和家庭等渠道相对成熟以来,中小学信息技术学科自身也会相应发展、成熟与分化,信息技术课将以新的统合形态持续存在,与信息技术的学科应用共生互存,仍为学生提供系统化、多样化和专业化的信息技术教育。信息技术必修课与"信息技术整合"之间有动态共生关系,"科学-技术-社会(STS)"的视角也为课程实施提供理论支撑。STS的观点即"科学(Science)-技术(Technology)-社会(Social)"的简称,是一种从"科学-技术-社会"相互关系的角度来审视课程的价值、界定课程的内容结构及其逻辑关系的方法。该方法缘起于20世纪80年代,现已成为一种被普遍采用的课程建构和课程分析方法。在STS三者的关系中,科学提供知识,技术提供应用这些知识的方法,社会则要求人们以某种价值观念为指导,适当地使用科学知识与技术发明。近代科学哲学中"科学技术化,技术科学化,科学技术一体化"的发展趋势,对各个学科尤其是技术类学科产生了直接影响。

其一,从STS相互关联的视角来看,中小学信息技术课程中的"科学知识""技术操作"与"相关社会问题"之间具有相互关联的内在关系：信息科学的知识发现是促发技术创新的原创力；信息"技术"是科学、社会相互关系中的"技术"——信息技术是信息科学发明的物化，是有关思想方法的载体；信息技术课程中的"社会问题"是应用技术的过程中产生的社会、法律、道德和伦理等问题。

其二，分别从这三个方面来审视中小学信息技术课程，会有很多启示，主要有以下几点：①从 S（科学）方面来看，中小学信息技术课程应帮助学生挖掘和理解信息技术背后隐含的思想、方法和科学原理。当然，这种活动应适合其年龄阶段和认知能力。②从 T（技术）方面来看，应重新审视和定位中小学信息技术课程中的"技术"，根据技术领域的核心概念和技术教育的关键原则，改进信息技术课程中的技术教学范式。改变脱离实际应用情境、"为操作而操作"的"书本技术"的教学倾向，重视面向实际应用情境的实践取向的技术教育方式。在学生的生活、学习、社会发展和科技进步中设计任务，引导学生从兴趣出发探究和学习技术。逐步借鉴技术教育领域的核心概念和技术教学原则，包括技术活动或技术制作过程中的规划、设计和优化等概念。③从 S（社会）方面来看，则可因循以下线索，分析中小学信息技术课程中的"相关社会问题"：a. 引领学生从技术哲学的角度和高度，审视信息技术对社会、科技和生活产生的双面影响；b. 分析信息技术本身蕴含的特定科技文化，并在教学中渗透相应的科技文化教育；c. 注意信息技术的广泛应用对原有社会文化系统和价值观念产生的巨大冲击，适度培养学生与信息技术应用相适应的价值观念；d. 帮助学生理解、接受和内化与信息技术应用相适应的新的价值观、行为规范和信息技术应用习惯[①]。

第四，充分运用学习理论的核心要素，研究信息技术教与学的规律。注意从学习者、评价、知识和学习群体四个核心要素出发，研究信息技术的教与学（尤其是学习规律），特别是深度学习理论与信息技术教学的应

---

① 苗逢春. 中小学信息技术课程的系统规划与实施建议[J]. 信息技术教育，2005,(1):29-31.

用。在了解学生认知过程的基础上,进行信息技术教学流程分析。信息技术学习活动的典型特点是认知活动与技术活动的相互支持和内在统一,信息技术学习过程具有很强的认知复杂性,而信息技术知识、技能的应用又具有很强的临场生成性,因此要求信息技术的教学过程要加强认知灵活性。

第五,加强教师培训,配齐配强教师资源。相比传统信息技术课程,机器人课程和编程课程对教师的要求更高,而相较之下,机器人课程比编程更难、更复杂。这不仅体现在对机器人本体知识的掌握方面,而且体现在其教学方法的差异上;这不仅是计算机科学知识和计算思维的要求,而且还需要跨学科、特别是工程的支撑,对教师的动手实践能力有更加系统的综合性要求。更重要的是,机器人课程是一种典型的综合课程而非学科本位的课程,需要卷入科学(Science)、技术(Technology)、工程(Engineering)、人文(Art)、数学(Mathematics)等多门课程知识。而且,它还是创客教育的主要阵地,需要教师自身具有一定的创意设计和整合能力,这对当下的信息技术教师而言,颇具挑战性。此外,对口培养信息技术教师的大学专业,如教育技术、计算机技术、信息技术等相关专业通常都没有设置机器人专业课程,这些专业的毕业生缺乏机器人方面的专业培养与训练,在他们从事中小学机器人课程教学时,又缺少专业的职前培训,所以常常只能通过自学才能获得必要的知识和技能,这直接影响了机器人课程的师资力量和质量。因此,一方面需要呼吁相关高校专业在课程方案设置方面做出适当调整,满足基础教育的新需求;另一方面,基层教育部门应该联合高校力量和企业力量,提供具有针对性的机器人师资的职前和职后培训,为机器人课程的开展提供有效的师资保障[①]。

---

① 钟柏昌,张禄.我国中小学机器人教育的现状调查与分析[J].中国电化教育,2015,(7):101-107.

第四章　中小学机器人课程的建构

一、现代课程研究的科学化变革与转向

随着社会经济、文化、科技的不断发展、全球化的不断深化,课程研究的范式也历经变革。其中,以美国为代表的现代课程发祥地,对世界各国的课程研究与教育改革都不同程度上产生了一定的影响。

现代课程研究并不只是以任何一段较短时间的工作为源泉,或者只是孤立地对课程进行研究。实际上,课程研究具有很强的复杂性,有着深厚的人文、历史、社会、文化等各个方面的渊源。课程研究不仅要探讨教什么、学什么这类与课程直接紧密相关的问题,同时还需要反映人类和社会发展的需求,并涉及一些与人类和社会发展相关的基本假定[1]。

课程实践源远流长,人类自从拥有了某种形式的专门教育活动后,就不得不面对有关课程的问题,即教给谁、教什么、如何教、教到怎么样等问题。但作为一个需要进行系统研究的学术领域,它的历史并不悠久。正如美国著名课程学者坦纳夫妇(D. Tanner & L. N. Tanner)所说:"课程虽有一漫长的过去,但只有一短暂的历史"[2]。

19世纪90年代,提供更广泛的教育成为一个迫切需要解决的问

---

[1] 汪霞.课程研究:从现代到后现代[D].上海:华东师范大学,2002.
[2] Tanner D, Tanner L N. Curriculum Development: Theory Into Practice. 3rd ed. New Jersey,1995.

题。当时的学校教育原则,依然是针对精英阶层的,常常采用私人教师个别讲学的形式。贺拉斯·曼(Horace Mann)和巴纳德(Henry Barnard)对大众化教育的呼吁引发了19世纪90年代的教育大讨论。直至20世纪开始前,教育界涉及课程的活动异乎寻常地多了起来,课程变成了备受关注的公众议题。1893年,哈佛大学校长埃利奥特(C. W. Eliot)领导的"全美教育联合会"(NEA)的"10人委员会"(Committee of Ten),调查研究如何为中学生拓宽学习范围,使他们有机会学到一些当代研究领域中的知识。该委员会认为,让学生学习拓宽的科目,不仅可以为进大学做好准备,还可以为以后的生活奠定广泛的基础[①]。同年,该委员会发布了一份报告,其主题是大学和中学的衔接,试图解决高中课程与大学入学标准不相适应的问题,报告论及的具体内容包括必修课、选修课、大学预备科目、实用科目。这一报告发表后,虽然受到了不同方面的指责,但它确实为促进现代课程的发展提供了有益的探讨。

在这一时期,赫尔巴特的教育主张也对美国的现代课程和学校教育产生了一定的影响。他们把儿童的发展看成决定课程的关键,并且围绕儿童的发展制订了详细的计划,以使学习科目和学生的发展阶段相关联,他们视儿童的发展为人类进化过程的再现。与此同时,杜威(J. Dewey)在芝加哥大学的实验学校进行的课程实验和革新,也对传统的课程理念提出了新的挑战。杜威的核心课程立场和他那个时代的大多数教育实践都有明显的区别。他提出,教育需从心理的方面开始,即对学习者的生活经验世界产生兴趣与关注。因此,在杜威看来,教育者的活动应在逻辑和心理的连续体中进行[②]。杜威的课程观点从考虑教育过程中最基本的因素入手。杜威认为"这些最基本的因素"是指学习者

---

① See Marshall J D, Sears J T, Schubert, et al. Turning Points in Curriculum: A Contemporary American Memoir[M]. New Jersey, 2000.
② 同①。

的天性、社会培养人的目的和价值,以及学科所代表的知识世界①。在杜威看来,课程问题需要寻求新的平衡,既需要重视学科问题,又要重视社会和儿童问题。

从上述过程中不难看出,课程研究的基础理念发生了转换,从分科孤立的学科转向拓展且有联系的学科,然后又从学科转向学习者,试图在知识与社会、实用与结构、儿童与知识之间寻求有效的联结和动态的平衡。

课程作为一个研究领域,形成时间大致是 20 世纪初,以博比特(John Franklin Bobbitt)出版影响深远的著作《课程》(*The Curriculum*)为标志。这是第一本通篇专门论述课程的书,博比特的研究为课程的开发创建了一种技术模式或效率模式。他把课程开放还原为一系列具体的行为,课程目标被局限于为学习者的具体行为做准备,通过公式化的过程直接教育学习者。这些课程理念和研究方法不仅为后续的课程学家所继承和发展,而且为今天的教育家和学者提供了基础的课程开发观。此外,英格利斯(Alexander Inglis)也在这一年发表了著名的《中等教育基本原则》(*Principles of Secondary Education*),这虽然不是一本专门论述课程问题的著作,但是探讨的重点是课程问题。克伯屈(William H. Kilpatrick)撰写的文章《教学设计方法》(*The Project Method*),也对后来兴起的活动课程产生了深远的影响。1918 年,美国中等教育改组委员会(Commission on the Reorganization of Secondary Education)发表了著名的《中等教育基本原则》(*Cardinal Principles of Secondary Education*),强调中等教育要面向全体青年,具体探讨的内容包括课程目标、教育的组织形式和课程设置。这被认为是美国现代中学教育的分水岭,其中关于课程目标以及加强中学课程实用性、多样性的主张,奠定了现代中等教育的基础。有学者认为"这篇报告开启了研究课程目标之先河"②。

---

① See Hlebowiatsh, Peters S. Radical Curriculum Reconsidered[M]. New York:Teahcers College Press,1993.

② Witt,Paul W F. Technology and Curriculum[M]. New York:Teachers College Press,1968.

19世纪下半叶,人们开始关注研究课程问题。博比特认为教育有基础性(Foundational)和功能性(Functional)两个层面,前者主要是游戏经验的副产品,是展现儿童能力的自然过程;后者是学校教育的目标所在,主要在于为儿童将来旅行特定的成人生活做有益的准备[①]。博比特明确提出,如何编制课程是课程专家的工作,进行课程编制要遵循两项基本原则,一是应明确最终产品的质量标准,二是应决定生产过程各阶段产品的质量标准。博比特在其《怎样编制课程》一书中,提出了著名的"活动分析法"(Activity Analysis)。活动分析法包含五个基本阶段:人类经验分析、工作分析、推导目标、选择目标、制订详细计划。这种方法的特点是可以从整体分析到部分分析,再由部分分析到更小的部分分析,不断持续下去,直到达到具体和基本的单元。确定课程目标是课程编制的首要步骤,接下来才是选择和组织课程经验[②]。

与博比特一样,查特斯(W. W. Charters)在课程研究中也将关注的重点从内容转向了手段[③]。对方法的考虑优先于内容,在通过活动分析或工作分析确定课程目标之后,再进行内容的设计和组织,这是课程研究的一个转变,其影响直至当下。派纳认为,这些转变带来的结果是,19世纪60年代斯宾塞(Herbert Spencer)提出的基本课程问题"什么知识最有价值",到20世纪20年代,变成了"用什么方法决定我们教什么"。查特斯与博比特的研究比较接近,确立了课程编制的科学化取向,提出课程目标是课程编制的基础,课程目标与人类生活、学科知识有着内在的联系,课程目标的选择和教育计划的制订是一个合乎规范的过程,课程研究者应重视知识里与日常生活实际需要相关的联系。

博比特、查特斯、斯内登、哈拉普是科学化课程研究的早期代表,其中典范人物或者说集大成者是拉尔夫·泰勒(Ralph Tyler)。泰勒课程研究

---

① Bobbit F. How to make a curriculum[M]. Boston:Houshton Mifflin Company,1924.
② 同①。
③ Pinar W F,Reynolds W M,et al. Understanding Curriculum[M]. New York:Peter Lang Publishing,1996.

的基本精神是科学理性。泰勒在八年研究的经验基础上撰写并出版了《课程与教学的基本原理》(The Basic Principles of Curriculum and Instruction)一书,在书中,其提出了课程开发的4个基本问题:学校应该达到哪些教育目标;学校应该提供哪些教育经验才能达到这些目标;这些经验如何才能被有效地组织;如何确定这些目标正在得到实现。而这四个问题也被称为泰勒原理(the Tylerian Rationale)的课程的元叙事(Metanarrative)[①]。泰勒指出"目标不仅包括知识技能和习惯,还包括思维方式、批判性诠释、情感反应、兴趣等"[②]。在目标来源上,泰勒摒弃了博比特的成人生活观,把对学习者本身的研究、对校外当代生活的研究、学科专家的建议作为教育目标的三个来源。而这一思想的确定在一定程度上受到了杜威的影响。杜威在《儿童与课程》(The Child and the Curriculum)里称"教育过程最重要的要素是未成熟的、未完全发展的人,体现了成熟的成人经验中的一定的社会目的、意义和价值。后者变现为专业化和知识的分化"[③]。泰勒关于"如何组织教育经验"这一点的思考更为深入,为了能使学习经验有意义地相互联系在一起,产生累积性结果,其提出了3条标准,即连续性(continuity)、顺序性(sequence)和整合性(integration)[④]此外,泰勒还提出了至关重要的评价问题,完善了科学化课程研究工作。泰勒认为教育是一种塑造过程,它的随时而来的关心点是完成后的生产结果以及转换过程,是效率"驱动"(Efficiency-Driven)的。

1960年,布鲁纳(Jerome Bruner)撰写的《教育过程》(The Process of Education)的报告被喻为20世纪60年的"课程宣言",[⑤]他开辟了课

---

① Slattery P. Curriculum Development in the Postmodern Era[M]. New York & London: Garland Publishing,1995.
② Tyler R W. Basic Principles of Curriculum and Instruction[M]. The University of Chicago Press, 1949.
③ Dewey J. The Child and the Curriculum[M]. Chicago: University of Chicago Press,1902.
④ 同②。
⑤ Tanner D, Tanner L N. Curriculum Development: Theory Into Practice. 3rd ed[M]. New Jersey: Prentice-Hall,1985.

程研究的新视野,能够运用不同的视角审视课程,把一场复杂的知识整合为可迁移的知识。他把"结构"视为先于学习的、具有普遍性的事实存在,而不再仅仅强调学习者对此"结构"主观的解释意义。他对认知的重视和分析,对探究学习的鼓励,折射出某种人文主义的倾向。因此,20世纪70年代以后,布鲁纳和其他一些结构课程研究的学者如施瓦布(J. J. Schwab)逐渐产生了人文主义的转向。

由此可见,现代课程研究的两种模式,一种是侧重于追求科学化的方法,另一种则是侧重于追求科学化的内容。

二、中小学机器人课程定位与建构原则

(一) 课程定位

1. 必修课程

1984年,邓小平就说过教育要面向现代化、面向世界、面向未来。计算机要从娃娃抓起。信息技术课程在实现我国总的教育目标中扮演着极其重要的角色。2000年1月9日,教育部在《关于加快中小学信息技术课程建设的指导意见》中指出"中小学信息技术课程是一门知识性与技能性相结合的基础工具课程,应作为必修课开设"。同年11月14日,教育部在《中小学信息技术课程改革纲要(试行)》中表示"高级中学要将信息技术课程列入毕业考试科目""在条件成熟时,也可作为普通高校招生考试的科目"。2001年6月8日,教育部在颁发的《基础教育课程改革纲要(试行)》中明确规定:"从小学到高中设置综合实践活动并作为必修课程,其内容主要包括信息技术教育、研究性学习、社区服务与社会实践以及劳动与技术教育。"由上可以看出,信息技术课程是中小学开设的基础课、必修课,属于综合实践活动课的范畴。其课程性质主要表现在基础性、综合性、实践性、层次性和人文性五个方面。随着信息技术

在教育中应用的深入和信息技术对教育影响深度和广度的扩大,信息技术课程的地位将日益提高,对中小学阶段的基础作用也将更加凸显。

随着新课改的推进,《普通高中信息技术课程标准(2017年版)》也随之印发。新课程标准突出信息技术是一门基础课程。新课程标准强调构建具有时代特征的学习内容,兼重理论学习和实践应用,将知识建构、技能培养与思维发展融入运用数字化工具解决问题和完成任务的过程中,让学生参与到信息技术支持的沟通、共享、合作与协商中,体验知识的社会性建构,从而成为具有较高信息素养的中国公民。在义务教育阶段的信息技术课程标准最新修订版尚未印发之前,《普通高中信息技术课程标准(2017年版)》已经传递出信息技术课程改革的理念与信息。

具体来讲,中小学信息技术课程主要体现出如下作用:第一,可以提升学生信息素养,培养其终身学习的能力;第二,可以培养学生创新能力和实践动手能力;第三,可以提高学生的人际交往能力和团队协作能力;第四,可以有效支撑其他学科的课程改革;第五为培养信息技术人才起到一定的奠基作用。因此,在义务教育阶段,信息技术课程首先是一门基础课程,是每个学生在义务教育阶段中必须学习掌握的课程。面向未来的智能社会,信息技术和信息素养不仅是为了供职于计算机、互联网行业和岗位的专业技能,更是每一位公民在适应未来社会生活时的基本技能和必备素养。

2. 核心课程

义务教育阶段的学校信息技术课程全面提高社会整体公民素养的基本举措,是培育未来公民的关键途径,是基础教育的核心。从这个高度理解和把握义务教育阶段学校的信息技术课程的性质,信息技术课程应该,或者说必须是一门核心课程。

随着新课改的不断深化,信息技术课的地位也在不断提高。而第四次工业革命和教育革命的发生,学科的融合性不断助推科学与技术的创新加速。信息技术科目的实践性非常强,也非常注重学生的综合能力,如设计能力、观察能力、思维能力、动手能力和问题解决能力等。特别是高中阶段的课程,重在鼓励学生理解信息技术的概念与编程,使学生在学习编程的过程中,形成有创新意识的程序设计,学习运用信息技术解决生活和生产中的简单问题。

学科核心素养是学科育人价值的集中体现,是学生通过学科学习而逐步形成的正确价值观念、必备品格和关键能力。高中信息技术学科核心素养由信息意识、计算思维、数字化学习与创新、信息社会责任四个核心要素组成。它们是高中学生在接受信息技术教育过程中逐步形成的信息技术知识与技能、过程与方法、情感态度与价值观的综合表现。四个核心要素互相支持,互相渗透,共同促进学生信息素养的提高。按照核心素养的连续性、发展性与贯穿性,中小学信息技术课程的核心价值,也体现在科学与人文的兼顾上,工具与价值的并重上,对于人的全面发展和核心素养的核心作用上。

在教育改革不断深化的实践过程中,目前国家在小学阶段已引入STEM教育,在初、高中阶段对学生进行信息技术学科培养,提高学生的思维能力和解决问题的能力。今后,其他省市将陆续公布高考新方案,信息技术学科教育也将普及全国,会越来越受到广泛的重视,对信息技术的学习与应用也会达成普遍的共识。

(二)建构原则

1. 科学性原则

科学性原则在信息技术课程、在机器人课程系统中,都占据着首要地位,发挥着至关重要的作用。课程建构,如遵照科学性原则,建构的过程必须遵照义务教育阶段中小学生的身心发展规律来设计课程,并且按照学生发展的需要。这就需要循序渐进选择并安排课程内容,使其难易程度适中,呈现方式多元,不超出每一年龄段认知发展能够接受的范围,同时又符合最近发展区理论,激发学生的学习兴趣和动力。

机器人学科是一门交叉性极强的综合性学科。它不仅涉及了机械制造、自动控制、传感器技术、计算机软件技术、计算机硬件技术等许多学科[①]，而且还包括数学、物理、艺术、社会等相关学科领域。截至目前，人们可以称之为学科融合的最佳载体。一个机器人包括两个主要部分：机器人的身体和某种形式的人工智能系统。不同的身体部分都可以叫做机器人，如关节手臂被用于连接（焊接）和着色（上漆），因此这就决定了机器人教学在内容上的复杂性和知识体系上的科学性。我国现阶段中小学开展智能机器人教学，一般包括以下四方面的知识内容：了解机器人概况的理论性知识、熟悉机器人硬件、掌握机器人编程和应用机器人项目[②]。一门学科的专业知识就是这门学科发展到一定程度的重要标志。专业知识不仅指对本学科的基本概念、基础知识了如指掌，而且还要熟悉这门学科的历史、现状和未来趋势，懂得这门学科的学习和研究方法。中小学机器人教学的内容除了机器人的概念、功能、原理、结构、发展历史、应用领域等基础知识外，还包括机器人程序编写及开发机器人程序，机器人的硬件结构体系、机器人的模块化拼装、控制与维护。这就对任课教师和学科知识体系、呈现方式及教学内容在学科专业性、科学性、教学系统性上提出了严格的标准和要求。程序作为机器人的灵魂，机器人的动作是依靠程序指挥进行的。所以，不同语言的编程能力成为教师专业能力的核心。智能机器的人制作离不开单片机的知识，更是单片机的知识与技能的升级。单片机基本结构是将CPU、存储器、接口电路和程序集成在一片硅片上[③]，单片机程序的用途是让单片机按人们所预定的设计完成一系列动作，最终实现一个特定的功能。

2. 思维性原则

思维是人脑对于客观事物的本质及其内在联系间接的和概括的反

[①] （美）Saeed B. Niku. 机器人学导论：分析、系统及应用分析、系统及应用[M]. 北京：电子工业出版社，2004.
[②] 陆承景. 对机器人学科教学目标和内容的实践与思考[J]. 中国电化教育，2006，(12)：71-72.
[③] 刘瑞新. 单片机原理及应用教程[M]. 北京：机械工业出版社，2004.

应,是一种认识过程或心理活动①。对于中小学信息技术而言,计算思维是其学科核心素养的重点之一,而对于聚焦于机器人这一内容而言,则工程思维更为突出。

中小学信息技术课程是一门融知识、技能、人文于一体的课程。它的发展除了受"学科知识技能体系"的影响,还会受到学习者的心理特征和社会需求的影响。在技术方法层面,信息技术反映的是一种"数字化、计算化、程序化"的应用特征,其信息处理的本质过程是一种"把代码译成数据,又把数据译成代码的计算方法"②。在社会需求层面,当这种计算方法渗透到信息化社会方方面面时,人们不仅需要掌握它的外在操作过程,还需要"采用抽象分解的方法来控制任务的实施,形成与计算方法相适应的结构分层、逐步求精的思维方式"③。在个体心理发展层面,计算思维并不是简单地复制信息技术隐含的技术思想方法,而是个体头脑与技术方法互动的结果。由此可见,中小学信息技术课程的开展,不能只停留在外在的技能操作练习上,甚至也不应停留于在解决问题步骤的掌握上,重要的是培养学生利用信息技术解决问题的一种交互性思维方式,即计算思维。

思维还可分为逻辑思维、形象思维和顿悟思维④。工程思维,通俗的理解即运用上述三种思维方式分析和解决问题的一种综合思维能力。中小学机器人课程以机器人作为程序设计的教学载体,包含实体部分和虚拟部分,承载着拼接组装、艺术设计和程序设计等不同层级、跨学科的学习任务。因此,用于中小学教学的机器人平台除了要具有适当的硬件功能外,还要有适宜中学程序设计教学的程序设计语言系统和编辑系统,具有一定的开放性和整合性。软件采用图形化编程语言(后期用

---

① 刘忠华.传统思维方式与创新思维[J].长白学刊,2001,(5):56.
② Fred Martin. Computational Thinking for Youth[DB/OL]. (2013-05-16)[2020-04-06]. http://itestlrc.edc.org/sites/itestlrc.edc.org/files/Computational_Thinking_paper.pdf.
③ Harold Wenglinsky. Using Technology Wisely[M]. Teacher College, Columbia University, NewYork, 2005.
④ 王荣良.机器人教育与工程思维关系之研究[J].中国教育信息化,2008,(24):27-29.

Python语言），每一种功能通过一个图标表示，编程过程实际上就是逻辑思维过程，学生只需要写出流程图，其基本过程为在功能板中选定需要的图标，拖放在编程窗口，用导线将图标有逻辑性地连接起来，这样就完成了编程，这与传统的编程有着根本的区别。因此，学生在学习机器人编程的同时可培养自身的思维能力。

学习为机器人编写程序是以机器人为平台的学习内容之一，在编程序的过程中学生要了解机器人的功能、结构和工作原理，并根据需要机器人完成的任务来编程序。学习者要了解机器人的各种传感器，并通过编程序来控制传感器，使机器人感知外界的环境信息，并对感知的信息做出决策和响应，以使机器人完成规定的任务。学习为机器人编写程序的过程可以用拟人的方法循序渐进地进行。例如，可以将机器人的硬件看作一个刚刚出生的孩子，而学习为机器人编程序的过程是学生赋予机器人行走、避障、说话、听话、观察等人类行为功能的过程。学生在学习的过程中始终感受着失败的遗憾和成功的喜悦，对遗憾和喜悦的感受必然形成学习的动力和兴趣。

在机器人制作中，逻辑思维是必不可少的，逻辑性越强，机器人越能体现出强的仿真性，机器人执行任务的正确性也越好。逻辑思维在创新中的积极作用体现在多方面。逻辑思维的过程形式与创新、创造过程密切相关，一切创造活动都是以逻辑思维为基础的，运用逻辑思维将创造成果条理化、系统化、理论化。虽然逻辑思维与创新思维在形式、方法、基础、结果和思维方向上有所不同，但是在创新活动中，这二者却有着密不可分的衔接关系、互补关系和转化关系。

3. 融合性原则

综合世界各个国家及地区对核心素养的定义，可以看出核心素养指个体在面对复杂的问题时，能够综合跨学科知识、思维模式和技能，进行分析和解决问题的品质[①]。

STEM 是来自美国的一个教育概念,是科学、技术、工程、数学等多学科融合的综合教育。STEM 课程在国际上一般被称为"综合课程"。STEM 课程最重要的特点是跨学科、多学科的融合,也就是说,这个课程中涉及的问题往往需要综合两个以上学科方能解决。几年前,有人提出加上 A(Art,艺术),STEM 发展成 STEAM。作者觉得艺术的重要性是显而易见的,因为科学和艺术本来就不分家。在培养学生的过程中,艺术教育有两点非常重要而且是其他学科不可取代的作用:其一是对学生审美能力的培养,学生艺术修养和审美能力的提高,对于其未来的人生、科学研究都是非常重要的;其二是艺术教育能够让学生"打开"自己,展现想象力,培养表现力,这是艺术教育特有的价值。

目前,我国中小学传统的课程模式主要为分科教学模式,很少注重知识关联与学科融合。而人类科技发展需要培养创新型、复合型人才。STEM 教育在人才观、实践观、知识观等方面,与核心素养的培养高度契合。因此,运用 STEM 教育理念,培养核心素养,是我国未来教育的发展趋势。基于 STEM 教育理念的初中信息技术课程选择的教学内容,不是改变原有的初中信息技术课程的教学内容,而是在此前提下融合科学、技术、工程、数学和艺术的知识和内容,为学生创造更多的机会,学会运用所学知识和内容来解决实际问题。首先,把教学内容转化为一个个可解决的问题或可完成的项目;其次,教学内容的选择应该是与生活实际相关联的,可以让学生产生学习兴趣;再次,教学内容的选择应该是跨学科领域的,可以让学生运用多学科的知识和内容解决问题;最后,教学内容的选择应该是复杂的、非良构的,学生需要通过组内合作和组间竞争的方法来完成探究,使学生真正参与到教学活动中来,实现学科之间的深度融合。

现在甚至有人认为应该强调学生的阅读能力,于是在 STEAM 中又

[①] 黄馨,孔晶.STEAM 教育支持的核心素养培养案例研究[J].中国教育技术装备,2019,(7):68-69.

加入了 R(Reading)，变成了 STREAM。其实，这类课程叫什么名字并不重要，重要的是把握课程的核心理念，那就是要培养学生以综合视角解决真实世界中问题的能力。而作为学校，应积极为学生搭建一个多学科、多视角、以解决实际问题为取向的综合发展平台[①]。

STEM教育主要的教学目的不仅是更好地理解和应用学科知识，而且是提高学生分析问题、解决问题的能力，为应对未来挑战做准备。学科教育一般是纵向的教育，如数学、物理、化学、地理、生物，都是纵向的，而培养人的同时还需要横向的教育，需要各个学科融会贯通，需要综合各方面的知识、能力。如果一个人拥有驾驭纵横交错的知识网络的能力，他未来便能应对更严峻的挑战，承担更大的责任。在传统教育中，中国的学生从小学到大学接受的都是孤立的、单一学科的知识和技能，缺少跨学科的融会贯通的教育，缺少举一反三、创新使用的能力。有些国家甚至把STEM教育上升到国家战略的层面，把这种能够培养具有未来竞争力人才的教育方式放在首位。

信息技术课程的知识内容不仅包括信息技术这一门学科的知识和内容，还包括科学、工程、数学和艺术等学科领域的知识和内容，所以基于STEM教育理念，在选择教学内容时，初中信息技术课程也要体现整合性的原则，特别是问题或项目内容的设计要体现跨学科知识和内容的交叉融合。整合性原则不仅要求学生在解决问题或完成项目的过程中利用多学科的知识和内容，而且还要求学生运用跨学科的思维意识去解决问题或完成项目。

4. 实践性原则

实践性原则，旨在强调STEM的实用性价值，面向真实情境，解决真实问题，而这对教学方式和学习方式提出了更高要求。STEM教育主要通过项目驱动的教学方式，让学生在解决问题的过程中学习。通常的

---

① 王殿军.STEM:好理念怎样变成好课程[N].中国教育报,2018-06-13.

方式是，首先给学生创设一个现实情境下的主题，通过教师、学生交流讨论，明确问题，设定项目内容和项目具体的任务。学生根据项目的任务进行规划，调研相关领域的进展，分析项目的可行性，制订研究计划，建立理论模型并经过编程模拟、数值计算、原型机设计、测试反馈、分享交流讨论等流程后完成项目。项目最终的产出是多样化的，可以是一篇论文，也可以是一个作品，这主要依据项目的领域而定[①]。

  一方面，问题或项目是 STEM 教育理念的实现途径，在问题解决或项目完成的过程中，学生的实践能力和创新精神得到提升。STEM 是科学、技术、工程、数学和艺术领域的知识和内容的交叉融合，问题或项目是将这几门学科整合起来的载体，在解决某一具体问题时，必然需要科学、技术、工程、数学和艺术领域知识和内容的共同参与。基于 STEM 教育理念，当人们在解决实际问题的时候，其不仅要想到技术、工程、数学和艺术，而且还要考虑到科学的原理和规律，只有这样，才能找到问题的本质。在进行问题或项目的设计时，要注意两个问题：一个是问题或项目要源于现实生活的情境，另一个是问题或项目的内容要包括教师所要教授的知识和技能，从而帮助学生去解决问题或完成项目。

  另一方面，STEM 教育理念需要解决的是真实世界存在的问题，教师创设以真实情境为内容的问题或项目，学生运用跨学科的知识和内容进行探究，可以培养学生发现、分析和解决问题的能力。任何问题或项目的产生都要有一个背景，也就是在什么情境下产生，所以基于 STEM 教育理念的初中信息技术课程在选择教学内容时，也要体现情境性原则，强调将跨学科的知识和内容还原于丰富的生活，结合生活中有挑战性的问题或项目，完成教学。STEM 教育强调知识是自己和问题之间互动建构的产物，不来自外界的灌输。情境是 STEM 教育重要的组成部分，学习受情境的影响，不同的情境就会有不同的学习状态。只有当学习镶嵌在可以运用知识的情境之中时，有意义的学习才可能发生。真实

---

① 王殿军.STEM:好理念怎样变成好课程[N].中国教育报,2018-06-13.

世界存在的问题,往往具有复杂性、劣构性,学生需要进行高效的团队合作,运用跨学科的知识和内容提出多元的解决方案,切实地参与进来。因此,通过以真实情境为内容的问题或项目的学习,学生学到的知识和内容是有意义的,学生对知识和内容的理解也会更加深刻。此外,在教学活动中,教师还要创设不同问题或项目,进行知识的迁移和运用,从而培养学生的创新思维①。

5. 人本性原则

人本性原则即落实以学生为中心的原则。建构主义学习理论在知识观、学习观和教学观上均提出了以学生为中心的原则。①知识观。知识不能全面和客观地反映现实世界,知识也不能产生一种能解决任何问题的万能方法,知识只是一种载体,知识需要依靠个体的存在而存在。②学习观。学习指学生按照自己现在的认知经验,对原来的知识进行重新编码,在转换和重组的过程中完成有意义构建的过程。③教学观。教学应该是教师引导学生在原有知识和经验的基础上,通过同化和顺应的认知结构过程,完成意义建构②。建构主义强调以学生为中心、教师为主导的教学模式。在整个教学活动中,教师充当组织人、指导人、帮助人和促进人的角色。STEM教育理念遵循了以情境、协作、会话、意义建构为要素的建构主义理论,发挥了学生学习的主动性和积极性,达到有效实现当前所学知识和内容有意义构建的目的。因此,建构主义理论对基于STEM教育理念课程的教学活动具有积极的促进作用。

对学习者认知发展特征、初始能力和学习风格等情况进行了解,有助于设计出中小学生感兴趣的机器人课程。本研究的对象为小学三年级到初中二年级的学生,因此需要根据中小学生的认知发展规律,设计教学内容,采取相应的教学模式。

小学阶段(6~12岁)处于具体运算阶段。根据认知发展理论,皮亚

---

① 李雪.基于STEM教育理念的初中信息技术课程教学设计与实践[D].南宁:广西师范大学,2020.
② 何克抗.教学系统设计[M].北京:北京师范大学出版社,2002.

杰认为,该时期心理操作应着眼于抽象概念,属于逻辑性,但思维活动需要具体内容来支持。因此,小学阶段的课程设计应注重从生活化内容着手,从学生经验出发,引入实际生活中的项目或问题。应将生活化问题作为主题线索,设计教学项目,呈现教学内容,从而增强学生的参与感。本阶段的学生已具备基础的理解与推理能力以及简单的数、图知识。因此,可以从简单的项目入手,按照同一主题线索,逐步分梯度增加难度。利用学生生活经验,通过类比分析帮助学生理解新的知识。基于学生已有的知识和经验,构建新旧知识的联系。在信息技术方面,本阶段学生已了解计算机操作系统的使用方法,可以进行简单的文件管理,对数学性质能够简单判定,如倍数关系等。在学习风格上,三到六年级的学生具有强烈的好奇心,开始展现出学习的积极性、主动性。但在被动接受知识的过程中,注意力不易集中。所以,应以学生为主体主动帮助其获得新知识,从外界信息的被动接受者转变为知识的主动构建者。在课程设计中,应引导学生主动进行知识探索,深入学习,增强学生主体意识。同时注重项目的丰富性,题目的新颖性,激发学生的好奇心和兴趣[①]。

初中阶段(11～14岁),被称为青少年早期,是童年期结束后的一段过渡时期。青少年大脑结构在此时期发生剧烈变化,类似于胎儿期和婴儿期,这会反映在其情绪、判断、行为组织、自我控制等方面。发育突进主要发生在大脑的额叶,此部分主要负责计划、推理、判断、情绪管理、控制冲动。6～13岁颞叶和顶叶快速大量联结,此部分负责感觉功能、言语、空间理解。在加工情绪信息时,11~13岁青少年偏好使用大脑中颞叶深处形似杏仁核的小组织,此部分参与情绪反应和本能反应较多,因此青少年喜欢新奇和冒险,无法专注于长期目标,容易冲动,并且往往无法接受成年人的理性劝说,因为青少年的大脑发育尚未成熟。所以,其应该以更积极进取的姿态去"锻炼"大脑,理清思路、理解抽象概念、控制冲动。根据皮亚杰的认知发展理论可知,在11岁左右,青少年开始进入形式运算

---

① 李叔恒.基于STEAM理念的小学机器人教育课程设计与实践研究[D].北京:中央民族大学,2020.

阶段。这种抽象思维能力是认知发展的最高阶段。因此，青少年此时开始学习语言、代数和微积分、隐喻等是合适的。"他们能够想象各种可能性，并形成和检验假设"，这种假设—演绎推理（Hypothetical-Deductive Reasoning）能力正是许多理科，如数学、物理、化学等所需要的。皮亚杰认为这种抽象思维能力的获得源于脑成熟和环境扩展的共同作用。皮亚杰理论影响巨大，但也有缺陷，即没有注意到"个体差异、个体在不同任务上表现的变化以及社会和文化对个体的影响"，对"信息加工能力的获得、知识的积累、某一领域的专长、元认知的作用、个体对自己心理过程和策略的意识及监控"的关注不足。其中，形式运算理论的缺陷在于"没有抓住情境在影响和制约儿童思维发展过程中所起的关键作用"。

青少年的认知加工发生了两大变化，即结构性变化和功能性变化。结构性变化包括信息加工能力的变化和长时记忆中储存的知识数量的增加。储存在长时记忆中的信息可以分为陈述性知识（Declarative Knowledge，即What）、程序性知识（Procedural Knowledge，即How）、概念性知识（Conceptual Knowledge，即Why）。功能性变化发生在获取、处理和保存信息阶段，包括学习、记忆、推理、决策。在语言发展方面，青少年开始喜欢讨论抽象概念，使用逻辑连接词，甚至反语、双关、隐喻等修辞手法。青少年逐渐学会"社会观点采择（Social perspective-taking）"，即个体根据他人所持的观点和所具有的知识水平来调整自己的谈话能力。艾尔金德认为青少年在形式运算方面思维的不成熟，会表现在以下方面，即理想主义和批判性、爱争论、优柔寡断、言行不一、自我意识、独一无二和无懈可击[1]。因此，在小学高年级阶段和初中衔接的过渡阶段，需要有意识地加强学生的抽象思维和程序性知识的习得，并且通过项目式学习、任务式学习加强师生互动、同伴交流，并且借助信息化、智能化的学习媒介进行学习。

通过机器人课程的学习，学生可以更好地实现游戏与学习相结合，

---

[1] 黛安娜·帕帕拉，萨莉·奥尔茨，露丝·费尔德曼.发展心理学：从生命早期到青春期[M].李西营，等，译.北京：人民邮电出版社，2013.

更好地发挥自我的个性,激发自己的兴趣,奠定自己未来学习(特别是理工科)的基础,在实践中体会到自我实现的价值。在机器人的搭建和编程过程中,学生不断试误、不断调优,锻炼意志、韧性、持续力,能更好地体现以学生为中心的原则。

STEM教育同样可以激发学生的学习动力。所有参与这个项目的学生,可以带着问题和任务调动各学科的知识,多感官参与,既动脑,又动手,深入挖掘自身潜力,从而促进思维的发展。STEM学习,通过挑战性的激励,激发学生的学习动力,能提高学生的学习能力和综合素养。除此之外,它还能培养学生的团队合作意识。一个STEM专题或者项目,往往涉及多个环节,需要分析、设计、实验、完善,甚至是对结果(产品)进行包装。这不是一个或者两个人能完成的,需要多个人共同研究,密切配合,合作攻关。这个过程需要学生合理分工、共同参与,这是对合作意识和团体协作能力的锻炼。

合作探究强调学生要互相帮助、互相学习,以思想碰撞的方式来构建知识体系。新一轮课程改革要求学生采取自主学习、合作学习和探究学习的方式,STEM教育理念响应了这一要求,在问题解决或项目完成的过程中,以合作探究为主要形式,通过切实地参与找到解决问题或完成项目的方法。基于STEM教育理念,在解决问题或完成项目的过程中,学生要通过高效的团队合作,提出多元的解决方案,一一进行验证,在不断的尝试中找到最适合的方案。个人的力量是微弱的,是很难解决问题或完成项目的,因此需要团体的智慧,以问题或项目驱动来进行主体间的会话,从而增强学生团队合作的能力。

三、中小学机器人课程目标与内容

(一) 中小学机器人课程目标

学习目标既是教学活动的起始点,也是教学活动的最终落脚点。从教育学原理的角度来看,课程目标一般来源于学生的心理发展逻辑、学科的逻辑、教育目的和各级各类学校的具体培养目标、社会需求。

《普通高中信息技术课程标准(2017年版)》提出旨在全面提升全体高中学生的信息素养。课程通过提供技术多样、资源丰富的数字化环境,帮助学生掌握数据、算法、信息系统、信息社会等学科大概念,了解信息系统的基本原理,认识信息系统在人类生产与生活中的重要价值,学会运用计算思维识别与分析问题,抽象、建模与设计系统性解决方案,理解信息社会特征,自觉遵循信息社会规范,在数字化学习与创新过程中形成对人与世界的多元理解力,负责、有效地参与到社会共同体中,从而将知识建构、技能培养与思维发展融入运用数字化工具解决问题和完成任务的过程中,让学生参与信息技术支持的沟通、共享、合作与协商,体验知识的社会性建构,成为数字化时代具有较高信息素养的合格中国公民。

教育部于2017年9月印发的《中小学综合实践活动课程指导纲要》中将创意物化作为小学综合实践活动课程的具体目标之一。其要求学生通过动手操作实践,初步掌握手工设计与制作的基本技能;学会运用信息技术,设计并制作有一定创意的数字作品。运用常见、简单的信息技术解决实际问题,服务于学习和生活。以此为依据,结合中国学生发展核心素养进行课程目标设计,确定设计、开发的小学机器人校本课程的目标是提升学生的综合素质,促进学生自主学习、合作探究、综合应用等能力的发展,重点培养学生的设计思维、计算思维、跨学科融合能力、实践操作能力、创新创造能力。在课程中充分融入STEM理念,以机器人知识为载体,实现跨学科知识融合,选取贴近学生生活的主题开展基于STEM理念的学习活动,引导学生进行自主探究、合作学习。本课程对学生制品的要求较高,不仅要实现特定的功能,而且还要有一定的实用性,适当融入人文艺术元素,使之具有实际生活意义。通过拓展与迁移,发挥学生的创造性思维,对机器人项目进行升级、改造,拓展与项目相关的多学科知识,有效地培养学生的设计思维、计算思维、跨学科融合能力、实践操作能力、创新创造能力。

《义务教育小学科学课程标准》中的第三部分课程内容的第四内容领域技术与工程领域,也将工程部分和工程思维融入其中。主要通过使学生有机会综合所学的各方面知识,体验科学技术对个人生活和社会发展的影响。技术与工程实践活动可以使学生体会到"做"的成功和乐趣,并养成通过"动手做"解决问题的习惯。在教学中,教师应帮助学生形成并逐渐理解以下主要概念:①人们为了使生产和生活更加便利、快捷、舒适,创造了丰富多彩的人工世界。②技术的核心是发明,是人们对自然的利用和改造。③工程技术的关键是设计,工程是运用科学和技术进行设计、解决实际问题和制造产品的活动。并在"做"的动手活动中,体悟科学与技术的关系、人工智能与人的价值的关系等。这对科学哲学、科技哲学有一定的启发性。

2022年初,《义务教育信息科技课程标准》更名,较之以往的《义务教育信息技术课程标准》,其在名称上首先做出了改变,从"技术"变为"科技",这体现出教育理念和教育内容的系统性重大转变,明确了信息科技是一个交叉领域,涉及自然现象与人类活动中所产生的各类信息,包括信息的获取、表示、存储、传输、变化、呈现及应用中的科学原理、思维方法、处理过程和工程实现,这些构成了其他领域数字化和智能化发展的共同基础。更加重视信息与科技的融合,科学与技术的融合,即从理论探索到实践应用的贯通。由于目前机器人课程并未有统一的课程标准,因此为更好地使教材呈现符合学生实际需求的教学内容,《普通高中信息技术课程标准(2017年版)》成为主要依据和参考,同时结合《中小学综合实践活动课程指导纲要》《义务教育小学科学课程标准》,此外还综合参考、分析美国国家课程标准、日本相关教材和课外读物、edX上的人工智能在线课程[①],青少年机器人技术等级考试标准、编程猫、乐高以及目前各省(市)已经出版的相关教材的基础,将义务教育阶段的小学

---

① edX是麻省理工和哈佛大学于2012年4月联手创建的大规模开放在线课堂平台,它免费给大众提供大学教育水平的在线课堂,其网址为https://www.edx.org/。

和初中视为一个系统性、连贯性的整体,结合学科融合的理念、深度学习的理论和儿童认知发展的基本规律提炼出关于中小学机器人课程的总目标,以此为借鉴来确定本研究的课程目标,即确定课程要呈现"什么内容",达到"何种效果"。

在义务教育阶段的机器人教学中,不应打造"知识孤岛"。应将碎片化、孤立的学科知识整合起来,以技术、工程实践为中心,整合数学、科学、工程、技术、美学等相关知识,全面培养学生的工程素养、学科素养、人文素养,提升学生的实践能力与创新能力。钟柏昌在谈核心素养时将核心素养刻画为三个层次:第一层,以培养中小学生基础知识和基本技能为核心,即"双基层";第二层,以发现和解决问题中的方法为核心,培养学习者的实践能力,即"问题解决层";第三层,在学习中形成相对稳定的思考、解决问题的思维能力和价值观,即"学科思维层"[①]。本研究将以核心素养的培养为方向,以双基层、问题解决层、学科思维层三个层次为指引,将机器人课程的内容体系结构进行有机融合,逻辑结构为核心素养—学科核心素养—学科三维目标(如图 4-1 所示),并且同数学、科学、工程、艺术、社科等学科相整合,进行基于 STEM 理念的小学机器人教育课程设计。

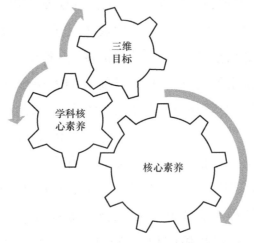

图 4-1 机器人课程内容体系的逻辑结构示意图

---

① 钟柏昌.中小学机器人教育的理论与实践[M].北京:科学出版社,2016.

首先,在三维目标部分,在以中小学生基础知识和基本技能为核心的基础上,旨在培养学生基础学科素养、工程素养,以 STEM 理念整合学科资源,促使学生形成知识体系,以及以发现和解决问题中的方法为核心的问题解决能力,培养学习者的实践能力。鼓励学生运用跨学科知识、思维去解决问题。鼓励通过"知行合一""做中学"的探究方式,进行深度学习,从而培养学生发现问题、解决问题、创新探索的综合能力。

其次,在学科核心素养部分,在实践和学习中形成相对稳定的思维方式和解决问题的思维能力、价值观,培养具有计算思维、工程思维、信息意识、数字化合作与探究的学习习惯等学科核心素养。

最后,在核心素养部分,贯彻落实义务教育信息科技课程,坚持落实立德树人的根本任务,通过机器人课程的内容载体和形式活动,发展学生的信息素养,树立学生正确的信息价值观和网络伦理道德观,崇尚科学精神、原创精神,增强国家信息安全意识,自觉践行社会责任,成为信息社会的合格公民。

(二) 中小学机器人课程内容及教学目标

如表 4-1 所示,课题组将 STEM 理念下,以融合创新为目标、以机器人为内容载体的课程内容和相对应的教学目标,进行了设计,并在中小学的教学实践中进行实验和检验。根据儿童思维发展规律、国际经验和教学实践的反馈,将基础教育阶段的中小学划分为三个阶段,分别是初级(1~3 年级),中级(4~6 年级)和高级(7~9 年级)。在表 4-1 的"中小学机器人课程内容及教学目标体系表"中共包括三大内容维度,即教学内容、知识点和教学目标。

表 4-1 中小学机器人课程内容及教学目标体系表

教学内容	知识点	教学目标
初级(1~3 年级)		
单元一 智能机器人与人工智能		

续 表

教学内容	知识点	教学目标
课程一　什么是机器人	机器人的基本概念	了解,并初步激发对机器人及人工智能的基本认知和兴趣
课程二　机器人产生与发展		
课程三　机器人应用		
课程四　智能机器人与人工智能	智能机器人与一般机器人的区别 人工智能的基础知识与信息	比较并能够区分
单元二　人工智能学习平台		
课程一　认识人工智能学习平台	平台的登录;进入教室方法;查看教学视频方法、HELP学习资料	熟练平台的基本操作;养成自主学习探究,寻求解决问题方法的学习习惯和思维习惯
课程二　认识组装界面	舞台视角控制;模块的增删改	掌握操作
课程三　认识编程界面	程序块的增删改;程序块的拼接、断开;舞台视角控制	熟悉各个界面和模块,并熟练操作
课程四　智能机器人初体验	工程的打开;仿真的基本流程	能够成功运行仿真
单元三　搭建智能车		
课程一　智能车的基本组件功能	了解组件的基本功能: 1. 电机属于执行器 2. 电机能够产生动力 3. 主控制就是一台微型计算机应用组件编写并运行自己编写的程序	能够在平台上组装一辆可以运行的智能车
课程二　组装智能车的方法	模块的组装、拆分方法	能够按照要求完成组装智能车
课程三　使用视角控制调整视角	复习之前的视角控制方法 CubeView的使用	能够自主设计智能车(并可以合理实现) 体验CubeView
课程四　实践创意组装智能车	巩固与练习、探索与交流	创意组装与搭建,并能够运行仿真
单元四　初级行进		
课程一　编写控制智能车前进代码	双驱动器前进的方法 启动电机模块的使用方法 学习看懂并绘制流程图	能够按照要求实现智能车前进
课程二　挑战——智能车前进	加载仿真的方法	掌握加载和运行仿真的方法
课程三　调整代码使车走得更远	调试代码的方法	掌握调试代码的基本方法 尝试探索不同的调试代码的思路 培养不断试误、坚持求真的科学态度和科学精神

第四章　中小学机器人课程的建构

续表

教学内容	知识点	教学目标
单元五　自由前进(转向)			
课程一　控制智能车转向	不同参数下转向的特点： 1. 方向相同,功率不同 2. 功率相同,正反向 3. 功率一个为零	掌握转向的不同方法
课程二　挑战——完成智能车送货任务	右转直角	利用所学知识完成沙盘任务 掌握转直角的(至少)一种方法
课程三　挑战——完成复杂送货任务	左右转(包含弧度)	利用所学知识完成沙盘任务 体验转向任何角度的探索过程,并尝试总结规律,提炼出适合不同个体的方法
中级(4~6年级)			
单元一　智能作画——绘制正方形			
课程一　使用顺序结构绘制正方形	顺序结构概念与特点	理解顺序结构的基本概念和逻辑 使用顺序结构完成正方形绘制
课程二　认识程序的三种结构	顺序结构、选择结构、循环结构	理解程序的三种结构
单元二　智能作画——绘制任意图形			
课程一　了解循环结构概念	循环结构的概念	理解循环结构的基本概念和逻辑 使用循环结构绘制指定图形和任意图形
课程二　使用次数循环结构绘制正方形	次数循环的特点与使用	体验并培养算法和编程的思维
课程三　挑战——绘制指定图形	综合运用	综合运用
课程四　调整代码,绘制任意图形	调试参数	重在培养学生调试参数—运行仿真观察结果—再调试参数的习惯
单元三　智能车可以演奏			
课程一　认识发音模块	1. 声音是物体振动产生的波 2. 人们人耳能听到的频率范围 20~20 000 Hz 3. 了解发音属于执行器 4. 发音模块可以发出声音和频率	通过跨学科内容了解声音的产生以及声波的频率范围,引入控制器输出特定频率到发音模块产生声波 从机械的振动到利用电信号带动机械振动产生声波

续 表

教学内容	知识点	教学目标
课程二　编写发音代码	1. 掌握【播放声音】程序块的使用方法 2. 了解程序块中"播放音调"的使用方法 （1）播放时长：对应音乐的时值（音符） （2）播放频率：对应音乐的音调（与C调音名对应） 3. 了解程序块中"播放文件"的使用方法 播放文件和播放次数的含义与用法	通过在参数中频率参数，使学生对音乐中音调符号与频率建立基本的对应关系 通过实践体会利用代码控制机器人发声的方式
课程三　利用智能车演奏乐曲	利用程序编写乐曲的方法 利用不同的延时等待控制声音的长短与停顿 两个发音模块制作和弦音	了解乐曲是由音调按照特定的频率和时长组成的 培养学生音乐、旋律与节奏的认识 跨学科扩展内容了解和谐音与不和谐音等知识
课程四　串行与并行执行	串行程序在执行过程中的限制 并行程序的基本原理 并行处理的方式 1. 真并行：多核心并行 2. 伪并行：任务调度系统	通过案例和实践了解串行和并行任务在控制器中的处理方式 培养学生在日常生活中建立任务规划与处理流程的方法与习惯
课程五　挑战——给智能车配上声音效果	综合实践：利用【线程】功能实现小车边走边播放声效	根据本单元学习内容进行实践 重点体会线程与程序结构的关系
高级（7～9年级）		
单元一　可以躲避障碍的智能车	传感器	
课程一　超声波传感器原理	1. 什么是传感器 2. 超声波的含义 3. 超声波传感器的作用 4. 超声波传感器原理	扩展上单元声波范围，了解声波中高于人耳的频率为超声波 通过案例推导出超声波传感器利用声波反射计算距离的原理与计算方式
课程二　使用超声波检测距离	1. 搭建超声波智能车 2. 通过仿真平台使用超声波传感器测量距离	通过仿真环境感受超声波测距的效果，由于该传感器为学生学习的第一个传感器，需使学生重点关注传感器的取值范围，并留下"测量最大距离取值为什么是255"的思考问题，供学生自行学习探索

续表

教学内容	知识点	教学目标
课程三 编写避障程序	1. 超声波程序块的基本编程方法 2. 条件语句块的含义 3. 仿真界面围墙的使用方法 4. 仿真界面创建围墙	通过案例与演示使学生理解分支结构的含义与作用（该内容为重点难点），为后续的条件循环做准备；理解条件语句中满足、不满足以及后续程序之间的执行关系。条件语句中的"增加判定"不做介绍 仿真界面围墙的使用方法介绍，并让学生自行搭建
课程四 智能躲避障碍物	1. 程序不断检测需要循环结构 2. 利用条件循环来使序一直检测的方法 3. 控制智能车在围墙前停下	了解顺序结构从开始到结束对于计算机执行只有几微秒，并让学生动手实践加入延时等待无法达到测距的目的，加深延时等待在执行过程中程序无法处理其他任务的意式（线程可用） 学习条件循环是通过条件来决定是否循环的一种程序块。并利用判定永远满足的条件来让循环一直进行，在仿真时，通过仿真时间简单说明死循环的一些潜在风险
课程五 挑战——利用超声波走迷宫	1. 分析迷宫沙盘的特点 2. 制定程序逻辑流程图 3. 将超声波躲避障碍物程序与机器人转向程序结合 4. 让机器人走到终点	通过实际任务培养学生分析问题、制定方案、实践检验、分析结果、调试完善的工作流程。培养学生合理利用现有工程快速完成新任务的工作方式
课程六 挑战——给智能车装上倒车雷达	1. 灵活利用超声波传感器 2. 倒车雷达的工作方式 3. 生活中超声波的应用 4. 改进并实现不同的倒车雷达	通过完成倒车雷达使学生对现实生活中的事物与所学内容建立联系，并在实践过程中了解其工作原理
课程七 挑战——智能倒车入库	1. 分析智能车倒车入库的流程 2. 制定倒车入库流程图 3. 通过仿真平台进行实践 4. 利用超声波传感器完成多种复杂情况的倒车入库	通过现实案例提出问题并分析倒车的方法，跨学科内容可引入内外轮差以及交通安全内容。通过分析智能车的倒车流程完成智能车倒车入库的程序；通过利用超声波传感器与算法增加倒车入库的兼容性
单元二 智能巡线的智能车	灰度传感器	

续 表

教学内容	知识点	教学目标
课程一　灰度值的概念与测量方法	1. 灰度值基本概念 2. 计算机显示器显示位数与色彩的关系 3. 利用仿真获得灰度传感器数值	了解灰度是用黑色表示的一种颜色值,黑为 0 逐渐到白,彩色的事物也可以转换为用灰度表示 通过演示观察,理解现实生活中的颜色是线性的,在计算机中叫做模拟量。计算机在处理信号的过程中都是通过 0,1 表示,叫做数字量。由于计算无法处理模拟量,所以需要将模拟量转化为数字量,在转换的过程中就会产生误差 显示器显示彩色的事物通过RGB 三种颜色相互配合来产生各种颜色,通常显示器记录颜色通过 8 位 0 和 1 表示,转换后每个颜色就有 256 种,三个相乘则为 16 万种颜色,灰度也可利用 8位表示,256;这个 8 位就是显示的精度,而如果换成更高的精度,如 10 位,则可显示 10 亿色,虽然数字很大,但这和现实生活中的真实世界还是有区别的
课程二　灰度传感器的作用及原理	1. 传感器的精度与取值范围的关系 2. 灰度传感器的工作原理 3. 灰度传感器安装特点 4. 生活中灰度传感器的作用	了解传感器在读取模拟信号时需要进行数模转换,在转换时就会有精度问题,通常 8 位精度的传感器,范围为 0～255,10 位精度范围为 0～1024;位数越高,精度越高 了解灰度传感器与超声波传感器相似,通过发射一束光来计算反射光线的颜色。并将颜色转为灰度值后发回给控制器 通过仿真环境实践,了解外界光线会影响灰度传感器的取值,传感器要贴近被测物体;降低干扰
课程三　编写简单巡线程序	1. 灰度传感器程序块的使用方法 2. 利用灰度值巡线方法	掌握灰度值传感器判定条件调试方式 能够让智能车沿黑线行走
课程四　让智能车停下来	1. 利用灰度值范围判定算法 2. 让智能车到达终点后能够停止	能够理解利用条件循环判定跳出逻辑可以让程序结束 能够通过黑线、黑线以外,以及终点红线,编写逻辑使智能车在终点停止

第四章　中小学机器人课程的建构

续表

教学内容	知识点	教学目标
课程五　挑战——让智能车转向	1. 利用灰度传感器控制智能车转向的方式 2. 适当延时等待可以增强程序的效率	能够利用电机转向控制智能车进行单方向转弯巡线 能够通过加入延时等待感受不同转向策略的效率与稳定性
课程六　挑战——复杂巡线	1. 通过多传感器配合进行复杂巡线 2. 复杂巡线中路径的基本分析方法 3. 完成复杂巡线程序	了解单一传感器无法完成复杂的任务，需要多种传感器进行相互配合 掌握通过两个灰度值传感器完成左右转向的黑线沙盘逻辑 能够利用超声波传感器、灰度值传感器配合完成复杂场景
单元三　初识路径规划	基础人工智能算法的含义和实践体验	
课程一　自动寻路的方法	自动寻路的几种常见算法分类： 1. 深度优先法基本含义 2. 广度优先法基本含义	了解深度优先算法是先将一个分支的一个支线走到底后再回到上一个分支走另一侧直至全部走完的算法。了解深度优先算法在日常生活中的作用（如爬虫） 通过推演了解利用深度优先算法解决迷宫问题的流程 了解广度优先算法是将所有同层的分支走完后，再走下一层直至全部走完的算法
课程二　利用数组记录路径点	1. 数组的基本含义与使用方法 2. 利用数组记录路径点	了解数组是一种数据存储类型 了解常用的一维数组与二位数组 了解编程语言中队列与字典的作用
课程三　贪心算法进行路径规划	贪心算法的基本含义 利用贪心算法进行路径规划的方法 调整参数完成路径规划	能够理解贪心算法的基本含义 能够利用贪心算法解决日常生活中的简单问题（如找钱、日程规划） 能够理解贪心算法的结果不一定是最优方案 能够体验利用贪心算法完成路径规划的过程

续 表

教学内容	知识点	教学目标
课程四　更多算法	A*算法的基本含义 A*算法的特点和缺陷 机器人的路径规划算法PLA*的基本含义 通过仿真平台感受两种算法的效果	了解A*算法的基本含义与使用方法,并在平台中实践 了解A*算法的局限需要提供完整信息才可以进行 了解A*算法常在游戏、棋盘等数据完整的场合中使用 了解启发式算法的优点和缺点 了解PLA*算法是基于A*的算法一种优化算法,它不需要完整的信息也可以进行规划
课程五　挑战——快速通过迷宫	综合实践:根据迷宫选用合适的算法方案分析流程 搭建智能成:完成迷宫挑战并分析改进方案	能够将之前所学结合起来并根据平台提供的算法进行实践,可以通过尝试不同方案组合使机器人快速到达终点 能够结合生活来理解扫地机器人等寻路方案就是基于传感器与算法控制进行路径规划的

(三) 专家评议

在初步建立了中小学机器人课程的内容体系之后,还需要对其具体内容结构、顺序安排、教学目标等进行修订和检验,以保证教学内容的科学性和有效性,教学目标的合理性和适切性。因此,人们采用了专家审议法对此教学内容体系进行审定和检验,具体操作程序为"确定内容体系的调查意见表—选择专家—征询意见—综合归纳反馈结果—形成分析报告"。

1. 编制专家调查意见表

将表 4-1 中的具体课程内容和教学目标分别纳入课程内容的主要领域,并加以一定的描述和阐释,专家的指标评价分为很重要、重要、一般重要、不重要和其他,如表 4-2 所示。

表 4-2　专家意见调查表

课程模块	课程适合年级	课程内容	教学目标	指标评价				
				很重要	重要	一般重要	不重要	其他
……	……	……	……					
……	……	……	……					
……	……	……	……					
……	……	……	……					

2. 聘请并联系专家

根据专家的研究领域、实践经历和对本研究可能提供的支持程度，本研究共聘请了 20 位专家对本研究的中小学机器人课程内容体系进行审议。这 20 位专家分别从事信息技术教育、数字化学习、教育信息化、课程与教学、游戏化学习、学习科学、STEM 与科学教育、脑与认知神经科学、大数据与物联网的理论研究和实践研究，同时还包括 3 位中小学信息技术学科的教研员、2 位从事一线教学 6 年以上的中小学信息技术教师。其中，还包括 2 位专家是我国普通高中信息技术课程标准专家组和义务教育信息技术课程标准的专家组成员。

3. 专家审议及结果反馈

在逐一联系 20 位专家并征得其同意后，通过电子邮件或纸质问卷的形式，向专家发放了意见调查表，邀请 20 位专家根据自己对中小学机器人课程内容的理解、对高中信息技术课程标准的理解以及对义务教育信息技术课程标准的期盼，在相应的选项上做出了选择和反馈。

通过对 20 位专家的调查意见表进行统计和整理，结果如表 4-3 所示。

表 4-3 专家审议结果统计表

评价对象与内容			指标评价				
课程适合年级	课程模块 课程内容	核心科学知识与技能	很重要	重要	一般重要	不重要	其他
初级 (1~3 年级)	单元一　智能机器人与人工智能						
	课程一　什么是机器人	机器人的基本概念	20%	50%	30%		
	课程二　机器人产生与发展		20%	40%	40%		
	课程三　机器人应用		50%	30%	20%		
	课程四　智能机器人与人工智能	智能机器人与一般机器人的区别 人工智能的基础知识与信息	40%	40%	20%		
	单元二　人工智能学习平台						
	课程一　认识人工智能学习平台	平台的登录 进入教室方法 查看教学视频方法、HELP学习资料	30%	30%	40%		
	课程二　认识组装界面	舞台视角控制 模块的增、删、改	30%	35%	35%		
	课程三　认识编程界面	程序块的增、删、改 程序块的拼接、断开 舞台视角控制	40%	45%	15%		
	课程四　智能机器人初体验	工程的打开 仿真的基本流程	40%	40%	20%		
	单元三　搭建智能车						
	课程一　智能车的基本组件功能	了解组件的基本功能： 1. 电机属于执行器 2. 电机能够产生动力 3. 主控制就是一台微型计算机 应用组件编写并运行自己编写的程序	50%	50%			

续 表

评价对象与内容			指标评价				
课程适合年级	课程模块课程内容	核心科学知识与技能	很重要	重要	一般重要	不重要	其他
	课程二 组装智能车的方法	模块的组装、拆分方法	40%	50%	10%		
	课程三 使用视角控制调整视角	复习之前的视角控制方法 CubeView 的使用	30%	45%	25%		
	课程四 实践创意组装智能车	巩固与练习、探索与交流	30%	50%	20%		
	单元四 初级行进						
	课程一 编写控制智能车前进代码	双驱动器前进的方法 启动电机模块的使用方法 学习看懂并绘制流程图	30%	50%	20%		
	课程二 挑战——智能车前进	加载仿真的方法	20%	50%	30%		
	课程三 调整代码使车走得更远	调试代码的方法	35%	50%	15%		
	单元五 自由前进（转向）						
	课程一 控制智能车转向	不同参数下转向的特点： 1. 方向相同，功率不同 2. 功率相同，正反向 3. 功率一个为零	50%	50%			
	课程二 挑战——完成智能车送货任务	右转直角	50%	50%			
	课程三 挑战——完成复杂送货任务	左右转（包含弧度）	50%	50%			

续 表

课程适合年级	评价对象与内容		指标评价				
	课程模块课程内容	核心科学知识与技能	很重要	重要	一般重要	不重要	其他
中级（4～6年级）	单元一　智能作画——绘制正方形						
	课程一　使用顺序结构绘制正方形	顺序结构概念与特点	40%	50%	10%		
	课程二　认识程序的三种结构	程序的三种结构：顺序结构、选择结构、循环结构	40%	50%	10%		
	单元二　智能作画——绘制任意图形						
	课程一　了解循环结构概念	循环结构的概念	30%	45%	25%		
	课程二　使用次数循环结构绘制正方形	次数循环的特点与使用	30%	45%	25%		
	课程三　挑战——绘制指定图形		30%	45%	25%		
	课程四　调整代码，绘制任意图形		35%	45%	20%		
	单元三　智能车可以演奏						
	课程一　认识发音模块	1. 声音是物体振动产生的波 2. 人们人耳能听到的频率范围 20～20 000 Hz 3. 了解发音属于执行器 4. 发音模块可以发出声音和频率	30%	50%	20%		
	课程二　编写发音代码	1. 掌握【播放声音】程序块的使用方法 2. 了解程序块中"播放音调"的使用方法 （1）播放时长：对应音乐的时值（音符）	20%	50%	30%		

续 表

课程适合年级	评价对象与内容		指标评价				
	课程模块课程内容	核心科学知识与技能	很重要	重要	一般重要	不重要	其他
		（2）播放频率：对应音乐的音调（与C调音名对应） 3. 了解程序块中"播放文件"的使用方法 （1）播放文件和播放次数的含义与用法					
	课程三　利用智能车演奏乐曲	利用程序编写乐曲的方法 利用不同的延时等待控制声音的长短与停顿 两个发音模块制作和弦音	30%	50%	20%		
	课程四　串行与并行执行	串行程序在执行过程中的限制 并行程序的基本原理 并行处理的方式 真并行：多核心并行 伪并行：任务调度系统	30%	55%	15%		
	课程五　挑战——给智能车配上声音效果	综合实践：利用【线程】功能实现小车边走边播放声效	30%	50%	20%		
高级（7～9年级）	单元一　可以躲避障碍的智能车（传感器）						
	课程一　超声波传感器原理	什么是传感器 超声波的含义 超声波传感器的作用 超声波传感器原理	20%	50%	30%		

续 表

评价对象与内容			指标评价				
课程适合年级	课程模块课程内容	核心科学知识与技能	很重要	重要	一般重要	不重要	其他
	课程二 使用超声波检测距离	1. 搭建超声波智能车 2. 通过仿真平台,使用超声波传感器测量距离	30%	50%	20%		
	课程三 编写避障程序	超声波程序块的基本编程方法 条件语句块的含义 仿真界面围墙的使用方法 仿真界面创建围墙	30%	50%	20%		
	课程四 智能躲避障碍物	程序不断检测需要循环结构 利用条件循环来使程序一直检测的方法 控制智能车在围墙前停下	30%	60%	10%		
	课程五 挑战——利用超声波走迷宫	分析迷宫沙盘的特点 制定程序逻辑流程图 将超声波躲避障碍物程序与机器人转向程序结合 让机器人走到终点	30%	50%	20%		
	课程六 挑战——给智能车装上倒车雷达	灵活利用超声波传感器 倒车雷达的工作方式 生活中超声波的应用 改进并实现不同的倒车雷达	40%	60%	0%		

续 表

课程适合年级	评价对象与内容		指标评价				
	课程模块课程内容	核心科学知识与技能	很重要	重要	一般重要	不重要	其他
	课程七 挑战——智能倒车入库	分析智能车倒车入库的流程 制定倒车入库流程图 通过仿真平台进行实践 利用超声波传感器完成多种复杂情况的倒车入库	40%	50%	10%		
	单元二 智能巡线的智能车						
	课程一 灰度值的概念与测量方法	灰度值基本概念 计算机显示器显示位数与色彩的关系 利用仿真获得灰度传感器数值	40%	50%	10%		
	课程二 灰度传感器的作用及原理	传感器的精度与取值范围的关系 灰度传感器的工作原理 灰度传感器安装特点 生活中灰度传感器的作用	40%	60%	0%		
	课程三 编写简单巡线程序	灰度传感器程序块的使用方法 利用灰度值巡线方法	40%	50%	10%		
	课程四 让智能车停下来	利用灰度值范围判定算法 让智能车到达终点后能够停止	30%	50%	20%		
	课程五 挑战——让智能车转向	利用灰度传感器控制智能车转向的方式 适当延时等待可以增强程序的效率	30%	50%	20%		

续 表

课程适合年级	评价对象与内容		指标评价				
	课程模块课程内容	核心科学知识与技能	很重要	重要	一般重要	不重要	其他
	课程六 挑战——复杂巡线	通过多传感器配合进行复杂巡线 复杂巡线中路径的基本分析方法 完成复杂巡线程序	40%	60%	0%		
	单元三 初识路径规划						
	课程一 自动寻路的方法	自动寻路的几种常见算法分类： 1.深度优先法基本含义 2.广度优先法基本含义	20%	30%	50%		
	课程二 利用数组记录路径点	数组的基本含义与使用方法 利用数组记录路径点	20%	30%	50%		
	课程三 贪心算法进行路径规划	贪心算法的基本含义 利用贪心算法进行路径规划的方法 调整参数完成路径规划	20%	30%	50%		
	课程四 更多算法	A*算法的基本含义 A*算法的特点和缺陷 机器人的路径规划算法 PLA*的基本含义 通过仿真平台感受两种算法的效果	20%	30%	50%		
	课程五 挑战——快速通过迷宫	综合实践：根据迷宫选用合适的算法方案分析流程 搭建智能成：完成迷宫挑战并分析改进方案	30%	30%	40%		

4. 审议结果分析

根据专家审议方法的要求,凡是专家认为某个指标项的重要程度为"一般重要"的比例达到 30% 以上,那该内容项就可以被删除[1][2]。在表 4-3 中,有一些内容选择"一般重要"的超过了 30%,本书在 STEM 教育理念下及核心素养培养的前提下,尝试对其保留并进行阐释。

四、中小学机器人的课程实施

对于以 STEM 理念为指导的中小学机器人课程,学校教育作为课程实施的主要载体和情境,是最主要的途径和形式。课程的词源是 Currere,它既包含静态意义的"跑道",又包含动态意义的"奔跑",是二者的统一[3]。就静态意义而言,课程实施应以预先确定的目标和计划为依据,就动态意义而言,课程实施应是教师和学习者,在具体的课程情境中,交流、互动的相互作用中展开的教育经验的创生和认知与非认知发展的过程。如果要想更好地落实义务教育阶段的机器人课程的目标和内容,必须具备完备的课程组织体系,灵活运动多种课程实施的组织形式,关注校内外、线上线下丰富的课程资源。学科课程和活动课程是学校教育中的两种基本课程类型,二者相互补充。但是,任何一种课程实施的组织形式都存在其一定的局限性,还需要显性与隐性课程等多种实施组织形式进行有机组合,相互协调,形成一个全方位、立体化的课程实施组织形态。

长期以来,分科教育越分越细,教师的专业越来越窄,而综合是 STEM 教育的根本特性,机器人课程也是集计算机、机械工程、数学、电

---

[1] 李志恒,张忠辅,李宗平,等.专家评价法及其在科技立项中的应用[J].甘肃科学学报,1993,(03):70-74.
[2] 钱松岭.信息社会学课程开发理论与实践[M].北京:教育科学出版社,2015.
[3] 侯丽平.坚守与转向:文化转型与设计学课程设计的变革[M].北京:清华大学出版社,2016.

子、物理、艺术等多种学科于一体。这给中小学机器人课程的切实实施带来了一定的挑战。当前解决的办法是通过多学科教师团队的合作推进,也有部分国家、地区或学校通过课程设置、社团活动等形式推进。

1. 灵活多元的多种课程类型

2019年6月19日,国务院在《关于新时代推进普通高中育人方式改革的指导意见》中明确提到"2022年前全面实施新课程、使用新教材,有序实施选课走班,建立学生发展指导制度"。这在一定程度上,体现了义务教育阶段课程标准新一轮修订的走向,通过课程实施来体现育人方式和教育评价的改革与创新。课程实施,也可以根据分类的标准不同进行纵横交织的多样化、多层次、多维度的分类。

第一,按学科固有的属性划分,分为学科课程和经验课程。学科课程是一种主张以学科为中心来编订的课程,以文化知识为基础,按照一定的价值标准,根据知识的逻辑体系,将知识组织为学科的课程。经验课程是从学生的兴趣和需要出发,以儿童的主体性活动经验为中心组织的课程。经验课程强调学生的直接经验,而学科课程强调的是学习间接经验。经验课程更加关注学生的主体地位,而学科课程更加突出教师的主导地位。

第二,按照课程内容的组织方式分为学科课程和综合课程。学科课程的特点在于:它是依据知识的门类分科设置的;它是将人类活动经验加以抽象、概括、分类整理的结果;它往往是相对独立的、自成体系的;它通常按特定知识领域内在的逻辑体系来加以组织。逻辑性、系统性和简约性是学科课程最大的特点,如语文、数学等。学科都属于分科课程,它是综合有关联的几门学科,成为跨越广泛的共同领域的课程;它的核心强调的是学科之间的关联性,目的在于促进学生认识的主体性发展,如科学课、机器人课都是由多门学科组成的课程。

第三,按照课程呈现方式可以划分为显性课程和隐形课程。是否有计划性就是区分显性课程和隐形课程的关键。有计划性就是显性课程,没有计划性就是隐性课程。显性课程和隐性课程之间并不是独立存在的,而是可以相互转换的,当隐形课程经过教师有意识的开发之后就会转变成显性课程。隐形课程指学生在学校情景中无意识地获得经验、价值观、理想等意识形态和文化影响。

综合课程主要有四种形式(如表 4-4 所示),学科之间相互交叉、渗透和融合,是人类知识发展本身的内在要求和客观趋势,旨在凸显具有相关性的学科整合,即学科本位;同时,以值得关注的、重要的社会问题为核心,来组织和编排不同学科的知识内容,即社会本位;以儿童当下的生活与经验为核心,来组织课程活动,即儿童本位,或者说学习者本位。

根据综合课程的综合程度及其发展轨迹,其可分以下四种:一是相关课程(Correlated Curriculum),就是在保留原来学科独立性的基础上,寻找两个或多个学科之间的共同点,使这些学科的教学顺序能够相互照应、相互联系、穿插进行。二是融合课程(Fused Curriculum),也称合科课程,就是把部分的科目统合兼并于范围较广的新科目之中,选择对学生有意义的论题或概括的问题进行学习。三是广域课程(Broad Curriculum),就是合并数门相邻学科的教学内容而形成的综合性课程。四是核心课程(Core Curriculum),这种课程是围绕一些重大的社会问题组织教学内容,社会问题就像包裹在教学内容里的果核一样,又被称为问题中心课程。前三种课程都是在学科领域的基础上进行的知识综合的课程形式,它们打破了原有的学科界限,是旧的学科课程的改进和扩展;而核心课程则是以解决实际问题的逻辑顺序为主线来组织教学内容的。

表 4-4 综合课程的四种类型

类型	别称	组成关系	举例
相关课程	联络课程	科际联系的各学科组成的课程	语言与历史、历史与地理
融合课程	合科课程	若干相关课程组成的新学科	社会课
广域课程	综合课程	数门相邻学科内容组成的综合性课程	科学课
核心课程	问题课程	以问题为核心将几门学科组合的课程	环境问题研究

2. 课程实施的基本模式

尽管 STEM 教育如此重要,但在我国基础教育阶段开展 STEM 教育仍然面临很多困难和问题,甚至有不少人认为,STEM 教育所涉及的课程内容并非新鲜的,我国也有类似 STEM 教育的内容。例如,在基础教育阶段也有开设数学课程、科学课程(物理、化学等)、技术课程(信息技术、通用技术)等,但这与 STEM 教育至少有三个方面的不同。一是这些课程主要是分科课程,是学科本位的课程,而非 STEM 提倡的跨学科的整合课程;二是基础教育中缺少工程教育的建制;三是基础教育普遍重视科学类课程,而技术类课程也包括工程类课程的教育价值并没有得到应有的重视[①]。

对学生的 STEM 素养和核心素养的培养并非一朝一夕可以完成的,它集数学素养、工程知识、技术素养、科学知识等总和而形成内在潜质,并且随着工程能力的提高而动态发展。在 STEM 教育里,工程教育在内容、实施以及关注点等方面的要求非常宽泛,其目的不仅是鼓励学生追求工程领域的职业,而且要增加学生的技术素养和提高学生的科学、数学成绩,还要培养学生对技术的工程设计与开发过程的理解。工程知识是基于项目的,无形之中整合了多门学科的知识,使得学生难理解的知识与日常生活经验、课内外活动密切相关,激发了学生发现问题、分析问题、解决问题的求知欲和好奇心,同时工程设计是把物理、化学、数学、科学等原理系统地应用于实践的结果。在机器人课堂上,学生有机会零距离接触工程、学习工程、体验工程,综合运用数学、物理、化学、科学、技术等学科的知识设计与开发智能人造物,这为培养学生的 STEM 素养提供了一个很好的契机,为此,更适合开展融入 STEM 理念的机器人课程和教学[②]。

---

① 钟柏昌,张丽芳.美国 STEM 教育变革中"变革方程"的作用及其启示[J].中国电化教育研究,2014,(04):18-20.

② 张丽芳.基于 STEM 的 Arduino 机器人教学项目设计研究[D].南京:南京师范大学,2015.

因此，在学校教育的具体教学过程中，可以采用以下课程实施的基本模式。在国家育人方针、国家课程标准的指引下，结合区域及学校的教学改革与课程改革的基本要求，课程体系和课时安排，校本课程的实施情况，师资配置的具体情况，根据课程分类的维度，因地制宜，按需设计。在不同学段、不同学科、学生的认知起点上，设计不同的课程组织形态，如学科课程和活动课程相结合，分科课程与综合课程相结合，显性课程与隐性课程相结合，从而形成具有差异性、学科性、拓展性和系统性的机器人课程体系。例如，机器人课程可以独立作为信息技术或通用技术的部分内容或教学模块；也可以融入信息技术、通用技术、综合实践、科学课等有关内容中，作为内容和活动的载体；还可以作为探究活动、项目式学习的学习任务，在不同学科、相近的不同年级跨学科开展；此外，教师还可以与数学、语文、历史、社会等学科整合设计，还可以与社团活动、兴趣小组、竞赛等形式有机结合（如图4-2所示）。

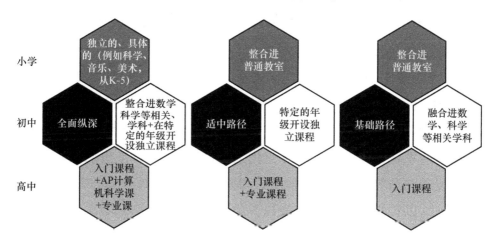

图 4-2　K-12 计算机科学课程路径示意图

3. 课程实施的基本原则

布鲁纳在《教育过程》中提出学科教学的主要任务是让学生掌握该学科的基本结构和科学方法，该书奠定了现代科学课程设置的哲学基础。在此基础上建立的科学分科课程重视正式科学概念和学科结构，注重围绕本学科的基本原理和结构组建课程。这样组织的课程因为具有极强的可操作性,并且强调学科本位知识的地位,而广受教育者推崇,在学校教学中处于主体的地位。理科综合课程应建立在自然科学的整体性上毋庸置疑,但如何将科学的整体性有系统、有组织地体现在理科综合课程中,是一个值得研究的重要问题[①]。在现实的学校教育和课堂教学过程中,这种具有随意性组织的课程设计可能太过理想。现实的教学由于课时的限制、教师组织课程的能力和学生本身发展的限制,也为了保证学生科学体系的完整性,课堂设置必须有组织中心,如此课程才能按照正常的教学秩序展开,这样的综合课程的设计才可能得到长足发展。

第一,以科学概念作为课程组织的中心概念是对现象的抽象性、客观性的概括。科学概念反映了客观事物丰富的客观属性和本质特征。让学生把握自然科学的基本概念体系,即把握了事物的属性和特征。现代学科课程的发展就建立在由本学科的基本概念构建的学科结构上。根据这个原则,若以科学的基本概念作为组织理科综合课程的中心,人们就应该寻找一个新的科学概念体系。这个概念体系不能建立在某个特定的学科属性和视角上,而是应建立在科学的整体性和统一性上。例如,朱清时等主编的《科学》就是以"统一的概念"方式来整合综合科学课程,用物质系统的层次、运动与变化、相互作用、结构与功能、转化与平衡、发展和和谐等"统一的科学概念和原理"来统领每册书的各章节[②]。

第二,以科学的过程和方法以及学科共同的探究方式作为机器人课程的组织中心。科学的过程与方法可与探究过程和探究方式相融合,以这种方式整合的综合课程应该有公认的科学过程和方法。有些科学教育家对这种前提提出了质疑,认为不同学科的不同科学家在不同的科学探究过程中会采用不同的科学方法和探究方式。在历史上,自然科学的

---

① 贾丽.中学综合理科课程设置的研究[D].济南:山东师范大学,2013.
② Hodson D. In Search of a Meaningful Relationship: An Exploration of Some Issues Relating to Integration in Science and Science Education[J]. International Journal of Science Education,1992,14(5):541-562.

发展遵循着两种不同的传统：一种是数理科学传统，采用还原的方式展开研究，注重定量描述，强调实在的空间性；另一种是博物学传统，采用非还原的方式，对物质和现象进行自然状态下的观察和考量，注重定性描述，强调实在的时间性[①]。遵循前一传统的物理学和化学都普遍采用实验法，尤其是理想实验；属于后一者的生物学、地学和天文学经常采用自然考察和自然观察的办法，有时候也具有实验的形式，被称为"准实验"[②]。

随着现代科学的发展，各个学科的彼此融合和渗透日益加强，彼此的科学方法和探究方式相互借鉴。科学的方法也呈现出综合化与整合性的特点，并发展到科学方法可独立于学科而存在。"各科有各法"的研究方法的沟壑正在被进一步弥合。人们相信自然科学是存在共同的基础研究方法的。以方法为中心的综合理科设计的内容应包含两方面的内容：其一，以同一种科学方法或同一类科学方法解决不同的问题。科学问题探究的方法是有共通性的。其二，用不同的方法解决同一类问题。这种课程的设计则更强调方法的迁移和运用。退一步讲，尽管针对具体的科学问题，科学探究的过程不尽相同，教师也应该了解到中学生探究问题的方式与科学家探究科学问题的方式有很大的区别，所以采用一些基本的科学方法和过程来统整科学课程的内容是比较合理的。由美国科学协会开发供小学生使用的科学教材《科学——一种过程方式》就是以科学的过程和方法为组织中心设计的，围绕着 13 种过程技能展开，这 13 种过程技能分别是观察、空间和时间关系的使用、数字的使用、测量、分类、预测、传达、推论、下操作性的定义、控制变量、提出假说、数据解释和实验。但这种以科学过程和方法组织的综合课程需要特别注意防止形式化倾向。任何的科学方法和科学探究的过程都不可能脱离科学的具体内容而存在。因为科学方法和过程的抽象程度较高，这种形

---

① 潘苏东. 综合科学课程内容组织结构方式的分析[J]. 比较教育研究，2005(5)：52.
② Schwab J J. The Teaching of Science as Enquiry. In Schwab J J and Brandwein P F. The Teaching of Science Cambridge[M]. Harvard University Press, 1962.

式的组织可以作为中小学生科学课程的一种补充的形式出现。

第三,以主题作为机器人课程的组织中心。任何一项教育活动、任何一节课程的教学都会有一个中心的议题,这个中心议题就可以成为机器人课程设置围绕的主题。各个学科的主题彼此联系构成科学课程的大体框架,然后根据事件发生的情况,从不同的学科选取相应的知识内容进行组织,形成机器人课程的"枝叶组织"。严格来说,以这种的形式组织起来的机器人课程并不是建立在"科学的整体性和统一性"的基础之上的,应该算是一种跨学科课程。主题方式的组织应该先确立一个主题,然后将与主题相关的科学课程的内容加以组织整理,形成一个新的"联合体"。教师要"围绕一个主题把学习者的经验整合起来,体现综合的精神",因此支持"主体方式"的科学教育家往往要陷入"如何精选主题以保证学生所接受的科学教育的完整性"的困境之中。基于这个问题,教师需要了解一点:像机器人课程一类的综合类课程不是一个无所不包的"大杂烩",它的整体性体现在对学生科学能力和科学素养的全面兼顾上,而不是体现在内容的面面俱到上。基于主题构建的综合理科也应该是建立在具体的教学情境和教学背景上的,应该不存在一以贯之的标准和模式。一方面,以"主题形式"组织的机器人课程中的科学知识并不是按照自身学科的逻辑性联系的,因为这样容易造成科学知识的"断点",如何有机地连接这些"断点",寻找一条连接一个主题的清晰线索,应该成为机器人教育者的研究重点;另一方面,由于主题问题本身具有综合性,所以教师需要关注知识点呈现的顺序,避免重复和失配。

第四,以问题导向作为机器人课程的组织中心。凡是能够引起学生的学习兴趣,能够帮助学生培养科学素养、发展能力的现实问题和现象都可以成为"科学问题"。社会问题、环境问题、科学技术问题等,不论什么问题,只要取材于现实生活,在解决问题的过程中都需要淡化学科的界限,综合各方面知识来组织解决。因此,"问题"本身就是具有综合性的。以"主题"为中心的组织和以"问题"为中心的组织具有一定的相似性:都是属于学科交叉的融合,而且组织内容时要注意"主题"和"问题"

的连接形式。但也有区别,"主题"可以是较为抽象、较为思辨的。而"问题"应该是较为具体、实际的,是更为贴近学生的生活和实践经验的。"问题形式"编排的内容应该遵循由具体到抽象、由归纳到演绎的逻辑顺序。

第五章　中小学机器人课程的教学实践

本部分将展示四个基于 STEM 理念下,应用三维仿真机器人教学平台[①],在北京市海淀区和西城区的小学和初中进行机器人课堂教学的实践探索。由于四个教学设计案例在一定程度上代表了不同的课程类型和难度梯度,所以在学校开设这类课程具有一定的具象的、借鉴的意义,也可以为机器人教学、学习平台及相关的课程资源的开发提供关于教学实践、教研经验的反馈(如图 5-1、图 5-2、图 5-3、图 5-4 所示)。

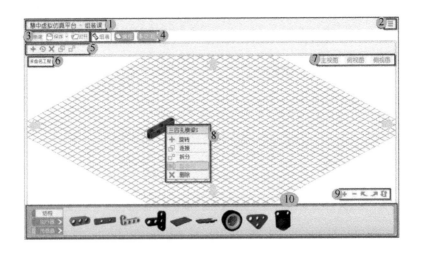

图 5-1　三维仿真机器人教学平台——组装界面

---

①　三维仿真机器人教学平台可以兼容图形化积木式编程和 C++、Python 语言编程,并根据教学需要进行切换。

第五章 中小学机器人课程的教学实践

组装画面 ⬡ 组装 ：切换成【组装】画面；

编程画面 ⬡ 编程 ：切换成【编程】画面；

仿真画面 ⬡ 仿真 ：切换成【仿真】画面，仿真画面必须在组装画面放置【主控制器】模块后才可进入

图 5-2　三维仿真机器人教学平台

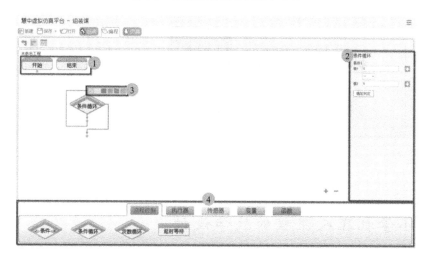

图 5-3　三维仿真机器人教学平台——编程界面

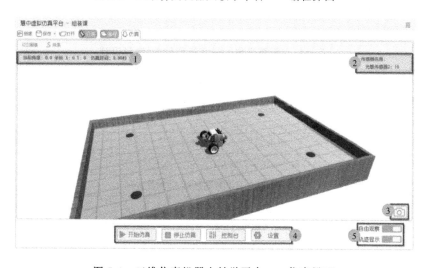

图 5-4　三维仿真机器人教学平台——仿真界面

· 139 ·

该教学平台，目前已经在人民教育出版社的网站上挂出（如图 5-5 所示），网址为 https://www.pep.com.cn/xxjs/。

图 5-5　人民教育出版社信息技术数字资源网页截图

一、小学机器人课程的教学设计

（一）蹒跚学步——直行

表 5-1　《蹒跚学步——直行和转向》教学设计

教学基本信息					
课题	蹒跚学步——直行和转向				
是否属于地方课程或校本课程	地方课程				
学科	信息技术	学段	高年级	年级	五年级
相关领域	与数学学科相关知识进行结合				
教材	参考清华版——《小学信息技术智能机器人》教材				
教学目标					
1. 了解启动电机、停止电机和延时等待模块的功能 2. 控制机器人工程车直行和转向 3. 学会调试机器人参数					

续 表

教学重点、难点
教学重点:理解启动和停止电机、延时等待模块的功能,控制机器人直行和转向 教学难点:学会调试机器人参数

教学流程图

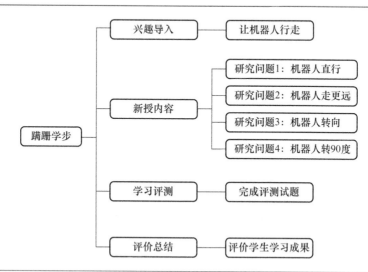

教学过程

教学阶段		学生活动	设置意图	技术运用	时间安排
一、创设情境	师:在上节课中同学们学习了如何组装机器人,并且搭建完成了一辆机器人工程车。同学们还记得如何找到你搭建的机器人工程车吗?(打开"机器人"工程文件) 师:这节课我们要教这个机器人工程车学走路(播放机器人行走的视频) 出示板书:蹒跚学步	回顾打开工程文件方法 观看视频	复习、回顾打开工程文件方法 播放视频,引出本课课题,激发兴趣	教学课件板书	
二、新授内容 研究问题	问题1:机器人直行 (1)提问:如何让机器人工程车直行 反馈:两个轮子方向和速度相同机器人直行 (2)提问:如何控制轮子的速度和方向 反馈:功率电机 (3)总结 机器人工程车的行走靠功率电机带动轮子转动,功率电机转速的大小	思考问题 回答问题	由问题出发,让学生思考实现机器人直行的方法	课件 网络教室软件	

	决定机器人工程车行走的速度;功率电机的正转或反转决定机器人工程车前进或后退。当左右电机的功率、方向相同时,左右轮子的转速、方向也相同,机器人工程车走直线 (4)认识"启动电机""停止电机"和"延时等待"模块 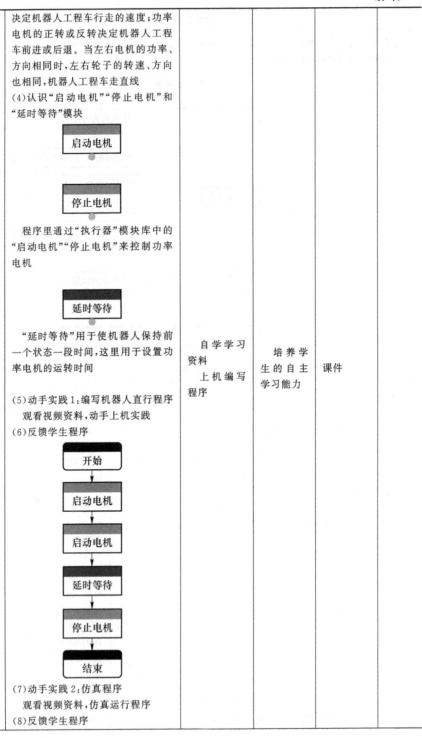 程序里通过"执行器"模块库中的"启动电机""停止电机"来控制功率电机 "延时等待"用于使机器人保持前一个状态一段时间,这里用于设置功率电机的运转时间 (5)动手实践1:编写机器人直行程序 观看视频资料,动手上机实践 (6)反馈学生程序 (7)动手实践2:仿真程序 观看视频资料,仿真运行程序 (8)反馈学生程序	自学学习资料 上机编写程序	培养学生的自主学习能力	课件

续表

研究问题2	问题2:机器人走更远 (1)提问:如何让机器人走得更远一点 反馈:增加延时等待时间、加大电机功率 (2)试一试:让机器人工程车由A点走到B点 (3)反馈学生程序	学生思考回答问题	训练学生根据情况调整程序参数的能力
研究问题3	问题3:机器人转向 (1)如何让机器人由B点走到C点 反馈:到达B点后原地转向90°直行 (2)如何让机器人转向 左右电机可以单独控制,当左右电机的功率相同并且旋转方向相反时,机器人就可以原地转向了 (3)实践探究3:编写机器人转向程序 观看视频资料,动手上机实践 (4)反馈学生程序	思考回答问题 观看自学视频资料,上机实践	
研究问题4	问题4:机器人转向90度 (1)实践探究4:转向90度参数 方法1:调试法 可以调整"延时等待"和"功率电机"参数,直到机器人转出90°角为止 试一试:调整参数让机器人转90°角 通过调试,当左右电机功率为50,旋转方向相反,"延时等待"时间为1.51秒时,机器人转90°角 方法2:计算法 | 功率电机1	功率	旋转方向 | |---|---|---| |	50	顺时针 | | 功率电机2	功率	旋转方向 | |	50	逆时针 | | 延时等待	2秒	| | 转角度数	119.0度			上机调试程序	感受调试参数的过程

续 表

	转角1°时间＝2÷119.0 转角90°时间＝2÷119.0×90≈1.00秒（结果精确到小数点后两位） （2）上机编写程序 （3）反馈学生程序			
三、学习评测	出示测试试题 1. 当机器人的左右两个轮子速度（　　）、方向（　　）时直行 2.（　　）部件用于控制轮子的旋转方向和速度 3. 程序中通过（　　）模块库的（　　）模块和（　　）模块控制功率电机 4. 表格中的参数能够让机器人工程车（　　） 	功率电机1		功率电机2		延时等待时间（秒）
方向	功率	方向	功率	
顺时针	－70	顺时针	－70	2 | A. 前进　　B. 静止 C. 转向　　D. 后退	评测试题	检验学生学习成果		
四、归纳总结	点评测试结果，归纳总结本课学习内容			

（二）校园导航机器人——转弯

表 5-2　《校园导航机器人——转弯》教学设计

基本信息			
学科	信息技术	年级	三年级
是否校本课程	是		
学习领域/模块	虚拟机器人编程		
单元教学设计			
单元学习主题	校园导航机器人——转弯		

1. 单元教学设计说明

本单元主要是对于小车机器人的学习，在三维仿真机器人教学平台上进行小车的搭建与编程，从而实现机器人完成一定的任务、做一定的事情。在本单元的学习中，首先要了解什么是机器人，如何搭建小车机器人；然后进行编程的学习，主要实现小车的直行、转弯；同时，了解顺序结构、循环结构，学习传感器的应用。在整个学习的过程中，学生的角色发生了改变，从机器人的体验者转变成机器人的制作者。学生的每次任务制作都与生活联系很紧密，在这个过程中，学生逐步形成了利用信息技术解决实际问题的意识。在利用编程解决问题的过程中，提升了计算思维，建立了服务学校的意识

续 表

2. 单元学习目标与重点、难点

单元目标：
　　1. 能够使用三维仿真机器人教学平台搭建小车，学会编写小车直行、转直角的程序，学会使用传感器，从而理解顺序、分支、循环三大程序结构
　　2. 通过编程实现一定的功能，模拟完成一些实际任务。体验和感受信息技术为生活带来的便利性，建立技术为生活服务的意识
　　3. 通过组装小车、编程，在小车完成一定功能的过程中，训练学生的逻辑思维能力，提高计算思维

教学重点：
　　1. 搭建小车，了解小车结构以及传感器
　　2. 学会编写小车直行的程序以及了解其原理
　　3. 学会编写小车转弯的程序以及了解其原理
　　4. 了解程序的顺序结构、循环结构、分支结构
　　5. 学会编写让小车发声程序
　　6. 会安装传感器知道各传感器用途

教学难点：
　　结合实际生活，通过编写程序让小车实现一些功能，为现实生活服务

3. 单元整体教学思路（教学结构图）

课程内容	学习活动	核心素养
机器人的认识——初识平台	1. 了解什么是机器人 2. 认识平台 3. 了解平台各部分功能	信息意识、数字化学习与创新
搭建页面的认识——搭建机器人	1. 初识搭建页面 2. 了解虚拟机器人组件及功能 3. 组装虚拟机器人	计算思维、数字化学习与创新
校园巡航——小车直行	1. 初识编程界面 2. 编写小车在校园中直行程序	计算思维、数字化学习与创新、信息社会责任
校园巡航——小车转弯	1. 编写小车转弯程序，实现校园中的行走 2. 理解小车转弯的原理 3. 理解顺序结构	计算思维、数字化学习与创新、信息社会责任
校园巡航——机器人演奏校歌	1. 安装发音模块 2. 调整参数，控制发音 3. 实现演奏校歌	计算思维、数字化学习与创新、信息社会责任
校园巡航——传感器的认识	1. 了解超声波传感器的原理 2. 添加超声波传感器 3. 会检测数据 4. 完成避障程序的编写	计算思维、数字化学习与创新、信息社会责任

续表

课时教学设计

课题	校园导航机器人——转弯
课型	新授课☐ 章/单元复习课☐ 专题复习课☐ 习题/试卷讲评课☐ 学科实践活动课☐ 其他☐

1. 教学内容分析

本节课实现校园导航机器人的行走，包括直行和拐弯。因为经常有客人来访学校，第一次到校，对校园环境不熟悉，导航机器人是很有必要的。

联系生活中汽车行驶的原理，通过电机带动车轮进行运动。直行时，两个马达的功率是一样的，按照一定的速度向前行驶；拐弯时，因拐法不同，两个电机功率不同，如果是拐直角弯，两个电机的转向是相反的。按照顺序结构编程实现小车的直行和拐弯。

利用三维仿真机器人教学仿真平台编写程序和调试程序，从而完成从建立逻辑思维到逻辑思维不断升华的过程，从而提升计算思维能力。学会利用信息技术解决实际问题，建立信息服务校园服务社会的意识，从而提升信息意识和社会责任感

2. 学习者分析

本课的授课对象是三年级学生，在心理特点上，他们具备一定的探索和归纳能力，并能够做一件完整的事情。在知识上，学生在之前的课上只接触了一次编程，学生刚尝试学习，对编程不是很熟悉，对于如何设计程序和调试程序还不太清楚。这节课，学生通过不断调整参数，使得小车在校园中可以沿着路线自由行走。学生在不断地尝试与调整中发现问题、解决问题，解决本节课的难点，实现本节课的目标

3. 学习目标确定

1. 小车转弯的原理，利用编程使得小车可以转弯，并且可以在虚拟校园内自由行走
2. 通过分析、编写、总结程序，学会用编程解决实际问题
3. 通过实现小车在校园中行走，让学生利用编程解决生活中的问题，培养学生利用信息技术解决实际问题的能力，从而达到培养学生的计算思维和信息意识的目的

4. 学习重点、难点

学习重点：
  利用编程使小车可以转弯
学习难点：
  了解小车转弯的原理，利用编程使小车可以旋转合适的角度，在模拟校园中自由行走，从而达到引导的目的

5. 学习评价设计

学习任务	完成请给自己画一颗星
我能利用编程使小车转弯	
我能利用编程使小车转弯角度合适的弯	
我知道小车转弯的原理	
我知道小车转弯的角度与什么相关	
我可以利用编程完成小车到达校史馆的任务	

续 表

6. 学习活动设计

教师活动	学生活动
环节一：创设情境，引入学习任务	
教师活动1 　　上次课上我们已经制作了导航机器人，并通过编程让小车在校园中行走，在行进的过程中你们遇到了什么问题？谁能说一说？ 　　那我们就一起来研究小车转弯问题。 　　出示板书：校园机器人——转弯	学生活动1 转弯
活动意图说明：以学生的真实需求引出今天的课程，更能提升学生的学习力	
环节二：分析实际问题，分解实际任务	
教师活动2 　　1. 问题一：在实际生活中，你们有没有遇到过转弯的情况？ 　　2. 老师这有一个跑步转弯的例子，我们一起观察一下。 　　问题二：在跑步过程中是如何实现转弯的？ 　　3. 这个视频对于你接下来要编写的小车转弯程序有什么启发吗？ 　　4. 相信你们对怎么样让小车转弯已经有了办法，接下来请你完成带领客人到达校史馆的任务。 　　5. 在制作的过程中，你们遇到了什么问题？ 　　6. 总结 　　① 使小车转弯的条件是什么呢？ 　　② 小车转弯的角度由什么决定？	学生活动2 　　1. 汽车转弯，跑步转弯，队列转弯。 　　2. 内侧的人跑得慢，外侧的人跑得快。 　　3. 一个车轮慢一些，一个车轮快一些。 　　4. 学生制作 　　5. 不会转弯；学会转弯了，而方向不对；角度掌握不好。 学生讲解： 　　首先，要知道转弯的条件是两个电机形成速度差，也就是一个快一些，一个慢一些。其次，要分清楚往哪个方向转，如往左转，左侧电机要慢，右侧电机要快。区分两个电机，先安装的就是功率电机1，后安装的就是功率电机2。这样就知道该怎么调整参数了。 　　角度与功率的大小和时间有关系，功率不变时，时间越长，转弯角度越大；时间越短，转弯角度越小。 　　6. 两个功率电机的转速不同。 时间与功率的大小
活动意图说明：分解任务，逐步攻克难点。让学生自己尝试，自己提出问题，自己解答，主动学习。	
环节三：编程——实现一个个具体任务	
教师活动3 　　通过同学与教师的讲解，我相信大家对小车如何进行转弯已经非常清楚了。 　　1. 任务二：完善程序，已经完成的同学，尝试带领客人经过更多的校园景点。完成评价单的评价。	学生活动3 　　学生完善，学生尝试，完成评价单。
活动意图说明：结合真实情境，实现小车在校园中的行走。	

续表

环节四：展示与总结	
教师活动 4 展示学生作品 　　今天，我们利用编程简单地实现了小车的巡航功能，生活中还有很多这种导航机器人，他们便利了我们的生活。 展示视频 　　相信通过你们的学习，我们的生活中会出现更多的人工智能产品。	学生活动 4 　　学生展示解说

活动意图说明：结合生活，让学生所学能联系生活实际。

7. 板书设计

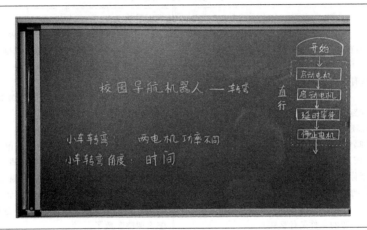

8. 作业与拓展学习设计

找一找生活中导航机器人的例子。

9. 特色学习资源分析、技术手段应用说明（结合教学特色和实际撰写）

1. 项目学习

　　校园导航机器人是一个完整的项目主题，立足于学生，从实际需求出发，关注学生多项能力的提升，着力从"重技能"走向"重思维"。

2. 彰显学生能动性的学习

　　本课是基于核心素养的课堂教学。学生为学校增添导航机器人，从"被动学习"转为"能动学习"，在项目的开展过程中，学生主动思考、主动设计、协同合作，彰显了能动性的学习，体现了课堂的转型。

3. 体验真实发生

　　学生在虚拟平台中可以真实体验小车行走，激发兴趣，增强参与感。

10. 教学反思与改进

1. 学生的路线相对单一，如果不限定路线，学生的行走路线会多样。
2. 如果能分小组让学生自主探究转弯的方法则更好。

二、初中机器人课程的教学设计

（一）对比度传感器——巡迹小车

表 5-3 《对比度传感器——巡迹小车》教学设计

教学基本信息					
课题	对比度传感器——巡迹小车				
学科	信息技术	学段	高年级	年级	七年级
相关领域	与数学学科相关知识进行结合				
教材	参考人教版《义务教育初中信息技术（试行）》				
理论依据					
《中小学信息技术课程指导纲要（标准＆试行）》中明确提出，中小学信息技术课程的主要任务是：培养学生对信息技术的兴趣和意识；了解信息技术（或机器人）的发展及其应用，对人类日常生活和科学技术的深刻影响。 本课让学生在"玩中学""做中学"，淡化枯燥的理论和概念，以符合学生年龄特点和认知规律的实践任务为主线，通过本课的学习，逐步对学生进行技术素养的渗透，以此指导学生螺旋上升式学习					
教学背景分析					
学生情况：本课授课对象为初中一年级学生，部分学生在小学阶段体验和学过"VJC""编程猫"等图形化编程，掌握了一定的编程知识和方法。本学期开始使用三维仿真平台学习搭建机器人和程序控制。通过开学至今五节课的探索与学习，学生掌握了搭建机器人工程车并通过编写程序控制机器人工程车前进、转向等动作。 教材分析：本课选择人教版试行教材第二单元《对比度传感器》，教材注重培养学生的思维能力和动手能力。通过三维仿真平台模拟机器人的搭建与读写程序，解决了课时有限、物料有限和差异化的实际问题。本单元的教学主题为传感器，让学生学会使用传感器的同时，注重传感器原理的理解和具体调试的方法					
教学流程					

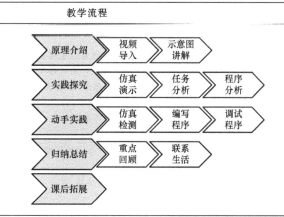

续表

教学目标
1. 了解对比度传感器的工作原理 2. 学会检测地面对比度值 3. 通过编写巡线程序,学会使用选择结构 4. 根据地面检测结果,合理设置条件判断的参数 5. 体会精度和误差的关系,找到做事的平衡点

教学重点、难点
重点:1. 了解对比度传感器的工作原理 　　　2. 学会检测地面对比度值 难点:根据地面检测结果,合理设置条件判断的参数

教学资源
教师使用的课件;多媒体投影;三维仿真机器人教学平台

表 5-4 《对比度传感器——巡迹小车》教学设计(详版)(表注)

教学阶段	教师活动	学生活动	设置意图	时间安排
创设情境	请同学们观看视频,思考车辆是如何实现车道保持功能的。 　　这节课,我们要让机器人工程车也实现这样的功能,但是识别车道线的传感器不是摄像头,而是对比度传感器。	通过摄像头识别车道线,在偏离了车道线后进行方向纠正	问题引入,联系生活,激发兴趣	3
原理介绍	了解对比度传感器的外形和工作原理。 对比度传感器的外形是什么样子的? 它是如何工作的呢? 请看动画示意图,你看懂了吗? 请你读一读自学材料。 　　对比度传感器是由发光管和一个光敏电阻组成的。发光管照射地面,光敏电阻检测地面反射光的强度。不同颜色反射的光强是不同的,颜色越暗,反射光越弱,检测到的数值就越大。例如黑色:255;白色:0。地面灰度检测传感器检测到的是不同颜色的灰度。其不像黑白照片上的景物,不管是红花、绿树,还是同学们的漂亮衣裳,从照片上看全是深浅不同的灰色。 　　了解了工作原理,并动手安装对比度传感器。 　　教师演示	看教师演示 配合自学材料	简单直观,突破难点	10

教学阶段	教师活动	学生活动	设置意图	时间安排
实践探究	问题分析： 　　如果工程车的传感器在黑线上，它行驶的状态是前进。 　　如果传感器走出了黑线，也就是在白色地面上，它的行驶状态是向右转。 　　程序在这里进行了一次判断，我们把这种程序结构称为"选择结构"。选择结构的重点是"判断条件"，在本程序中，判断条件是"在黑线上"，如果满足条件，机器人工程车前进；如果不满足条件，机器人工程车转向。我们通过"条件判断"模块，实现让程序进行判断。 　　请问机器人工程车是如何知道自己是否在黑线上的呢？ 　　传感器检测到的数据应该是多少？下面请你进入仿真环境进行测试并记录黑线上的数值。	学生思考、观察	自然语言过渡到流程图	10
动手实践	下面请你根据流程图，编写并调试程序。 　　需要注意的是，选择结构判断条件的设置，还有机器人工程车的速度。 　　遇到了什么问题吗？你是如何解决的？需要一个条件循环模块，对吗？	动手编程、调试	教师巡视，个别或集中辅导	10
归纳总结	集中讲解调试过程中的普遍性问题，请学生展示成功案例。 　　今天我们编写的程序中用到了"选择结构"。"选择结构"的要点是如何设置"判断条件"。在刚才的调试过程中，很多同学的问题也集中在"判断条件"的设置上。	学生演示		5

续 表

教学阶段	教师活动	学生活动	设置意图	时间安排
	板书 　　同学们能否按照"选择结构"的结构举一些生活中的例子。 　　不论是使用机器人平衡车,还是高科技的最新应用,例如航空航天设备,都会有一定的误差。我们在设置判断条件时要考虑传感器检测到数据的误差,并取一个相对合理的数值。	学生回答		
课后拓展	我们通常说,做事情要"尽善尽美",其中"尽"字表现了我们对于无限接近"完美"的追求。同时,我们也常说,任何事物不是"完美无缺"的。从这两个词中可以体会到,我们一直在"完美"和"缺憾"之间寻求平衡。在传感器的设计与使用上,我们也要遵循这种平衡关系。 　　如果传感器追求极致的灵敏,会大大增加制造的难度进而提高成本,在使用过程中也会因为各种客观条件的干扰,如温度、湿度、光照、气流等产生误差。 　　如果传感器过于粗糙,就会降低制造成本,提高普及率,应用场景更加广泛。但是,在某些要求精度的设备上则不能使用。 　　所以无论是在智能机器人的学习还是日常生活中,我们都要找到程序或者做事的平衡点。	操作 学生展示	体现情感态度与价值观	2
课后思考	S形巡线问题			

(二) 神奇的 for 循环

表 5-5　《神奇的 for 循环》教学设计

课节	4	年级	七年级	授课日期	2020.10.8
课题	神奇的 for 循环		课时		1
教学目标	1. 知识与技能 　1.1　巩固与复习顺序结构程序设计及基本流程图的绘制 　1.2　认识三种算法结构 　1.3　掌握利用 for 循环语句绘制简单图形,简化代码 　1.4　学会使用循环结构让小海龟画正方形、优化之前课下自己设计出的图案程序 　1.5　学会使用 forward、left、right、range 等命令 2. 过程与方法 　2.1　通过学生自主探究,掌握循环结构的构成以及使用循环结构的条件 　2.2　通过教师的演示,掌握使用 for 循环基本语句实现简化程序的能力				

续 表

课节	4	年级	七年级	授课日期	2020.10.8
课题	神奇的 for 循环		课时		1

	2.3 通过自主操作,理解程序的循环结构,体会循环结构的作用
	2.4 通过不断试错和更改参数,培养独立编写和调试 Python 程序的能力
	3. 情感态度价值观
	   3.1 感受 Python 功能的强大,从程序简化中发现乐趣,保持对 Python 编程学习的兴趣
	   3.2 形成积极主动学习编程的态度,培养学生编程思维

教学重点	1. 认识顺序结构、循环结构、选择结构 2. 理解程序的循环结构 3. 掌握 for 循环语句下的循环结构使用方法,会使用循环结构
教学难点	1. 理解顺序结构和循环结构的区别 2. 学会 range 命令的用法,理解其参数的意义 3. 会使用循环结构编写五角星、回字形等图案的程序
教学环境	1. 硬件:具备实现网课教学条件的电脑 2. 软件:QQ 群课堂、录屏软件、Python 软件
流程图	顺序结构流程图　　　循环结构流程图

教学过程设计

教学环节	教师活动	学生活动	设计意图
作品分享	分享上次课作业中完成较好的学生作品	创作者分享创作意图及编码思路,其他学生点评	检验学习成果,复习相关知识,培养学生表达程序设计思路和评价其他同学作品的能力

续表

课节	4	年级	七年级	授课日期	2020.10.8
课题	神奇的 for 循环			课时	1

问题导入	放映PPT,展示学生们完成的作品及对应的代码,如等边三角形、正方形、正六边形、正八边形等 师:同学们观察这些作品和它们对应的代码,有没有发现什么规律呢?	观看图片及代码,回答问题	通过学生们自己的作品,吸引学生注意力,引发学生的思考。在此问题的情境下引入新授知识,为接下来的环节做准备
对比结构	师:同学们真棒！发现了代码中出现了循环的现象,那么我们有没有办法让程序变得简单呢? 师:其实在 Python 中一共有三种算法结构,分别是顺序结构、循环结构和选择结构(播放PPT,依次讲解不同结构下的程序运行原理) 顺序结构 循环结构 选择结构	在教师的讲解下理解不同结构的运行原理	复习巩固旧知识,加强练习,掌握顺序结构、循环结构和选择结构流程图的绘制,加深印象
模仿操作	师:我们讲解了三种不同的算法结构,相信同学们对这些结构在什么样的情况下使用都有了自己的认识。我们再来看一下刚		

续 表

课节	4	年级	七年级	授课日期	2020.10.8
课题	神奇的 for 循环		课时	1	

才这位同学画的正方形和正八边形代码，画多边形时，边数越来越多，程序越来越复杂，能不能用什么方法简化呢？
 	
`import turtle`
`tina = turtle`
 	
`tina.fd(100)`
`tina.rt(90)`
`tina.fd(100)`
`tina.rt(90)`
`tina.fd(100)`
`tina.rt(90)`
`tina.fd(100)`
`tina.rt(90)`
	观察代码
	思考解决办法
		学生独立思考，发现问题，提出解决问题的方法和思路

师：是的，同学们都提到可以使用循环结构来简化代码，那么具体应该怎么编写我们的代码呢？首先，老师给大家介绍一位新朋友，它就是神奇的 for 循环（展示语法图片）。 for x in range(n)：　for＜元素＞in＜可迭代 　　todo...　　　　＜语句＞	观察代码，回答问题	根据教师的讲解和实际案例，掌握循环结构的运用情境

师：（讲解知识要点）这是一个循环语句（loop），我们用循环语句来表示需要重复做的事情。x 是变量，变量是一个会不断变化的值。range(n)是范围的意思，表示变量变化的范围。n 表示循环的次数。todo 是循环体。在循环语句需要缩进，在输入时需要先按下 Tab(制表)键，或空 4 格。
师：请同学们打开 Python，我们一起来操作试试看一下效果吧（教师示范操作，告知要点和注意事项）。
`import turtle`
`tina＝turtle`
`for i in range(4):`
　　`tina.fd(100)`
　　`tina.rt(90)`
	学习 for 循环的基本语法结构
	
	在教师的示范下，根据教师的演示完成模仿代码的任务，体会循环结构优化简化程序的功能
		掌握 for 循环的基本语法结构
		
		掌握 for 循环代码的编写原则，从实际操作中发现问题、解决问题

续表

课节	4	年级	七年级	授课日期	2020.10.8
课题	神奇的 for 循环			课时	1
模仿创作	师:请同学们根据刚刚学到的 for 循环语句,优化之前的代码(如五角星、正六边形、回字形等) (隐藏) (隐藏)		自主绘制,可以参考教师给出的图形进行图形的绘制练习		巩固练习,增强学生对 for 循环的理解和运用,会画流程图或示例图
独立创作	师:请同学们大胆想象,自由发挥,绘制一个运用 for 循环绘制出的图案吧		自主创作和绘制		培养学生运用所学程序设计的知识进行创作和信息整合的能力,增强学生创造力
分享总结	师:有哪位同学愿意和大家分享一下刚刚创作出的作品,并给大家说说你的创作思路和创作技巧,以及你还需要什么样的帮助		学生总结		锻炼学生语言表达能力,提升学生成就感
布置作业	师:请同学们课下留意查看作业单,完成作业单				课下巩固练习,完成知识迁移

第六章 展望与建议

随着《普通高中信息技术课程标准(2017年版)》和《义务教育信息科技课程标准(2022年版)》的颁布,我国教育发展对核心素养和立德树人的重视,以及2018年"人工智能元年"、2021年"元宇宙"的到来,机器人、大数据、人工智能、AR/VR、区块链等一系列以信息技术课程为基础的前沿科技,对人们的生活、工作、社交、学习等都产生了重要影响,也为基础教育带来了新的挑战和契机。信息技术的任教教师和教研员也对学科发展、职业发展充满了期待,并提出了很多宝贵的建议,希望能够切实改变信息技术学科曾经的处境,真正地促进中小学信息技术课程的发展,使其能够面向全体学生,公平而有质量地实施,而不仅仅是少数地区和少数学生的能享有的"特权"。针对上述较为突出的五个主要问题,作者结合国内外的研究和实践,提出了以下对策建议。

(一) 明确信息技术课程在义务教育课程方案中的独立地位和课时保障

信息技术的学科定位亟待转变,尽快出台修订的国家课程标准,特别是义务教育阶段的课程标准,对于指导区域及学校的课程实施具有先决作用。同时建议,信息技术以必修独立课程的形态出现。此外,注重一体化地建构信息技术学科知识体系,形成小学、初中、高中连贯起来的知识体系和课程体系,特别是在义务教育阶段有条件的地区和学校尽可能独立开设信息技术课程。第一,在开设年级方面,建议全国统一从一年级开始。一是学生经过2～3年的学前教育已经具备了一定的语言基础；二是逻辑思维的培养需要从小开始、循序渐进，计算思维不会在高中和大学阶段突然形成。第二，在核心素养和学科融合的理念下，从课程整合角度切入，特别是在小学低年级不涉及核心科学的课堂教学，将信息技术的基础技能作为必学必备的能力与语文、道德与法治、艺术、社会等其他学科有机整合起来，从而有效地激发学生的兴趣并系统地培养其高阶思维。

（二）转变信息技术课程认知与观念，聚焦智能时代所需信息素养的培育

对比中美信息技术课程标准会发现，在义务教育阶段，美国重视逻辑训练，力推编程内容，并从一年级开始开设课程；[①]中国重视以Office为代表的软件工具的应用，重视操作技能。所以，我国应逐渐转变对信息技术作为软件操作的、工具性使用的认知判断，将信息技术作为一种载体和内容，注重对学生思维的系统性培养。自2011年周以真对计算思维进行重新定义后，我国学者也提出了对计算思维的本土化阐释，将其作为推动学生信息素养发展的创新能力，主要表现为形式化问题、抽象问题、建立模型、分析和组织数据、形成问题解决方案并迭代优化、解决方案系统化和迁移六个子能力。计算思维的本质特征可以理解为一种人类解决问题的思维和能力体现的过程，是在核心素养框架下，具有各学科通用性和计算机科学学科专业性的高阶思维和过程。这种过程性能力和发展性技能，学生是无法通过机械训练和记忆获得的。因此，切实理解计算思维是新时代信息技术课程改革的关键转折点。

（三）构建横向融通、纵向衔接的小初高一体化信息技术课程体系

信息意识、计算思维、高阶思维的养成不是一蹴而就或突然形成的。

---

① 任友群,李锋,王吉庆.面向核心素养的信息技术课程设计与开发[J].课程·教材·教法,2016,(7)：56-61.

因此，国家应注重从小学一年级到高中的信息技术课程及课程标准的学科知识和教学实施的系统性和连贯性，在小学低年级阶段，应以培养学生兴趣和科学精神为主，小学中高年级阶段，可以逐渐增加对学生逻辑思维、信息意识的培养，初中和高中阶段应深入到编程等计算机科学的主体内容中[①]。国家应通过具有一定空间和弹性的课程结构，进一步优化基础教育阶段的课程标准。在阶段划分上，不针对每个年级进行内容设置，而是根据学生思维发展水平的阶段性和学科内容体系的特征，给予不同区域、不同师生一定的空间和弹性，将一年级至九年级划分为3~4个教学段，以核心知识点为纲，以掌握程度为可选择的教学空间，为全国各地切实开展信息技术教学奠定必要的基础（如图6-1所示）。

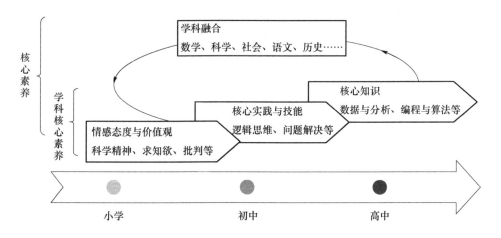

图6-1　横向融通、纵向衔接小初高一体化信息技术课程结构

（四）面向全体学生发展，保证信息技术课程的公平实施

追求教育公平，是各国教育一直为之努力的共同价值目标。计算机科学，作为一门真正要深入到中小学学校教育中的科学，作为未来信息社会的基本技能和工具媒介，被赋予了促进公平的诸多责任和功能。有

---

① 王学男，林众，朱慧.基于科学素养的机器人教育与人才培养：访清华大学人工智能研究院院长张钹院士[J].中国电化教育，2019，(6)，1-5.

效地开展面向全体学生的计算机科学教育,是促进教育公平的有效路径。信息技术不再只是少部分学生的"特长"或少部分学校的"增光项目",而是面向所有学生、扎根于日常课堂教学中的必修学科。越是贫困欠发达、高寒高海拔、少数民族等落后的地区,越应落实信息技术课程的开设和差异化的教学,将信息技术课程的落实作为促进公平、提高学校吸引力的有力载体。在开设内容上,建议注重差异化和个性化,基于本地的知识经验和教学环境,制定相应的教学方案。转变对区域、民族和性别的刻板印象,面向低年级学生、初学者和少数民族学生,使用多种方法让他们感觉编程更容易接受,图形化编程、游戏化学习可以减少语法错误或语言文字带来的障碍。

(五)教师职后培训与教育资源配置一体化推进

优先加强义务教育阶段信息技术学科教师的职后系统培训,特别是贫困欠发达地区的教师。师资的本地化程度越高稳定性越强。随着我国网络环境的不断优化,信息技术教育及其课程资源也将成为充实"三通两平台"和其他在线教育平台的重要支点。国家应充分利用已有的建设和资源,辅助中小学信息技术教师开展教学,使其与学生同步学习,充分运用"互联网+"的共享理念,形成"网络资源助力下的师生"教学共同体,在教学相长、强资源支撑的新常态和新模式下,弥补当前信息技术师资和课程资源的短板问题。

与此同时,注重明确教学内容、知识要点等具体标准,完善教学组织形式、教师培训指导手册、教学素材资源、教学课例、教学评价等各种配套性资源的同步配套。信息技术被认为是弥补区域差异和师资结构性不足的最有可能的手段。而信息技术课程,作为一种传统课程体系中的"小学科",目前处于"后发先至"的环境和目标中,国家应通过技术优势和制度优势来弥补现有的人力资本的弱势。考虑到区域差异、师资薄弱的现实限制,国家需在课程标准的主体内容上,进一步清晰明确教学内容和教学要求,并配套相关辅助性资源。这些配套性资源,才是帮助课程标准扎根于课堂教学的保障。否则,在大多数地区信息技术教师的专业性不强、信息技术课程融入其他学科中的现实下,课程标准是无法落地的。配套性资源的配置,是为信息技术课程标准提供在学校教育、课堂教学中生根发芽的土壤和养分。当国家课程标准颁布后,如何在学校层面落实教育理念、如何安排课时、不同学科不同专业的教师如何选取合适内容进行融合性教学、如何突破现行的纸笔考试、如何利用身边有限的资源开展教学、如何将计算思维教给低年级的学生、如何将信息技术教给少数民族学生,都需要配套资源的同步触达才能实现。

参 考 文 献

[1] D Brienne,Goldman S V. Science and Children,28[J]. Science & Children,1990,28(Aug):26-29.

[2] Kieran Egan. Learning in depth: a simple innovation that can transform schooling [M]. London, Ontarion: The Althouse Press,2010.

[3] Marton F,Sajlo R. On qualitative differences in learning outcome as a function of the learner's conception of the task [J]. British Journal of Educational Psychology,1976,46(2).

[4] Paul Markillie. Special Report,A Third Industrial Revolution[J]. The Economist,2012(4): 3-12.

[5] STEM and Computer Science[EB/OL]. (2017-09-29)[2020-03-04]. https://www2. ed. gov/news/newsletters/edreview/2017/0929. html.

[6] Google & Gallup. Searching for computer science: Access and barriers in U. S. K-12 education[EB/OL]. (2015-10-05)[2020-03-04]. http://g. co/cseduresearch.

[7] Horizon Media. Horizon Media study reveals Americans prioritize STEM subjects over the arts; science is "cool," coding is new literacy [EB/OL]. (2015-10-05) [2020-03-04]. http://www. prnewswire. com/news-releases/horizon-media-study-reveals-americans-

prioritize-STEM-subjects-over-the-arts-science-is-cool-coding-is-new-literacy-300154137.html.

[8] Change the Equation[EB/OL].(2015-12-07)[2020-03-04].http://changetheequation.org/blog/hidden-half.

[9] Google & Gallup.Searching for computer science:Access and barriers in U.S.K-12 education[EB/OL].(2015-10-05)[2020-03-04].http://g.co/cseduresearch.

[10] Google & Gallup.Searching for computer science:Access and barriers in U.S.K-12 education[EB/OL].(2015-10-05)[2020-03-04].http://g.co/cseduresearch.

[11] Information is Beautiful.Diversity in tech:Employee breakdown of key technology companies[EB/OL].(2015-10-05)[2020-03-04].http://www.informationisbeautiful.net/visualizations/diversity-in-tech/.

[12] Sullivan G.Google statistics show Silicon Valley has a diversity problem[EB/OL].(2014-05-29)[2020-03-04].https://www.washingtonpost.com/news/morningmix/wp/2014/05/29/most-google-employees-are-white-men-whereare-allthewomen/.

[13] Information is Beautiful.Diversity in tech:Employee breakdown of key technology companies[EB/OL].(2015-10-05)[2020-03-04].http://www.informationisbeautiful.net/visualizations/diversity-in-tech/.

[14] College Board.AP Computer Science Principles course and exam description [EB/OL]（2015-10-05）[2020-03-04] https://securemedia.collegeboard.org/digitalServices/pdf/ap/ap-computer-science-principles-course-and-examdescription.pdf.

[15] CSTA.Operational definition of computational thinking forK-12 education [EB/OL].(2016-04-18)[2021-08-10].https://c.

ymcdn. com/sites/www. csteachers. org/resource/resmgr/Comp ThinkingFlyer. pdf.

[16] Tanner D,Tanner L N. Curriculum Development: Theory Into Practice. 3rd ed. New Jersey,1995.

[17] See Marshall J D,Sears J T,Schubert W H. Turning Points in Curriculum: A Contemporary American Memoir[M]. New Jersey,2000.

[18] See Hlebowiatsh Peters S. Radical Curriculum Reconsidered [M]. New York: Teahcers College Press,1993.

[19] Witt Paul W F. Technology and Curriculum[M]. New York: Teachers College Press,1968.

[20] Bobbit F. How to make a curriculum[M]. Boston: Houshton Mifflin Company,1924.

[21] Pinar W F. Reynolds W M. Understanding Curriculum[M]. New York: Peter Lang Publishing,1996.

[22] Slattery P. Curriculum Development in the Postmodern Era[M]. New York & London: Garland Publishing,1995.

[23] Tyler R W. Basic Principles of Curriculum and Instruction[M]. The University of Chicago Press,1949.

[24] Dewey J. The Child and the Curriculum [M]. Chicago: University of Chicago Press,1902.

[25] Tyler R W. Basic Principles of Curriculum and Instruction[M]. The University of Chicago Press,1949.

[26] Tanner D,Tanner L N. Curriculum Development: Theory Into Practice. 3rd ed[M]. New Jersey: Prentice-Hall,1985.

[27] Fred Martin. Computational Thinking for Youth[DB/OL]. (2013-05-16)[2020-04-06]. http://itestlrc. edc. org/sites/ itestlrc. edc. org/files/Computational_Thinking_ paper. pdf.

[28] Harold Wenglinsky. Using Technology Wisely[M]. Teacher College,Columbia University,NewYork,2005.

[29] Hodson D. In Search of a Meaningful Relationship:An Exploration of Some Issues Relating to Integration in Science and Science Education[J]. International Journal of Science Education,1992,14(5):541-562.

[30] Schwab J J. The Teaching of Science as Enquiry. In Schwab J J. and Brandwein P F The Teaching of Science Cambridge[M]. Harvard University Press. 1962.

[31] 玛格丽特·赫尼,大卫·E.坎特.设计·制作·游戏:培养下一代STEM创新者[M].张悦颖,译.上海:上海科技教育出版社,2015.

[32] 徐韵,杜娇.从科艺综合活动到STEAM教育:对学校教育中艺术与科学融合的本质反思[J].现代教育技术,2017,(11):39-44.

[33] 师保国,高云峰,马玉赫.STEAM教育对学生创新素养的影响及其实施策略[J].中国电化教育,2017,(4):75-79.

[34] 周由游.从STEM到STEAM,美国科学教育特点分析及对我国教育装备开发的启示:以三堂STEAM课堂设计为例[J].教育与装备研究,2017,(7):89-93.

[35] 中国教科院STEM教育研究中心.中国STEM教育调研报告(简要版)[R].2019(10).

[36] 崔允漷.新课标新高考如何建构"新教学"[N].中国教育报,2019-08-30.

[37] 丁邦平.学习性评价:涵义、方法及原理[J].比较教育研究,2006(2):4.

[38] 彼格斯,科利斯.学习质量评价:SOLO分类理论[M].高凌飚,张洪岩,译.北京:人民教育出版社,2010.

[39] 王伟.课堂深度学习的实践归因与提升策略[J].教学与管理,

2019,(7):18-21.

[40] 布兰斯福特.人是如何学习的:大脑、心理、经验及学校(扩展版)[M].程可拉,等,译.上海:华东师范大学出版社,2012.

[41] 钱旭升.论深度学习的发生机制[J].课程·教材·教法,2018,(9):68-74.

[42] 杜威.我们怎样思维·经验与教育[M].姜文闵,译.北京:人民教育出版社,2005.

[43] 张奠宙.数学教育研究导引[M].南京:江苏教育出版社,1998.

[44] 吴永军.关于深度学习的再认识[J].课程·教材·教法,2019,(2):51-58.

[45] 杨清.课堂深度学习:内涵、过程和策略[J].当代教育科学,2018,(09):66-71.

[46] 余文森.核心素养:课堂教学改革与创新的引擎[EB/OL].(2018-01-16)[2021-08-19].http://www.moe.gov.cn/jyb_xwfb/xw_fbh/moe_2069/xwfbh_2018n/xwfb_20180116/zjwz/201801/t20180117_324897.html.

[47] 科技日报.引力波和人工智能写入高中课标[N].2018-01-17.

[48] 焦建利,贾义敏.真实境脉中的学习研究与教育变革:学习科学研究回顾、反思与展望[J].开放教育研究,2011,17(06):30-37.

[49] 蒋永贵.从育人角度回答为何学?学什么?怎样学?何谓学会?——指向思维发展的科学探究教学模型构建与实践[J].人民教育,2019,(05):62-66.

[50] 王学男,杨颖东.技术力量与教育变革的作用机制及未来思考[J].中国教育学刊,2021,(11):1-7.

[51] 阿尔温·托夫勒.第三次浪潮[M].朱志焱,潘琪,张焱,译.北京:生活·读书·新知三联书店,1983.

[52] 蔡春林,姚远.美国推进第三次工业革命的战略及对中国借鉴[J].中国经贸,2012,(9):17-22.

[53] 克里斯·安德森.创客:新工业革命[M].萧潇,译.北京:中信出版社,2015.

[54] 维克托·迈尔·舍恩伯格,肯尼思·库克耶.大数据时代[M].盛杨燕,周涛,译.杭州:浙江人民出版社,2013.

[55] 杰里米·里夫金.第三次工业革命:新经济模式如何改变世界[M].张体伟,孙豫宁,译.北京:中信出版社,2012.

[56] 郑方方.STS视野中的第三次工业革命研究[D].新乡:河南师范大学,2014.

[57] 阿尔温·托夫勒.未来的冲击[M].孟广均,等,译.北京:中国对外翻译出版公司,1985.

[58] 王学男,杨颖东.技术力量与教育变革的作用机制及未来思考[J].中国教育学刊,2021,(11):1-7.

[59] 郭善渡.回顾与前瞻:中小学机器人教育探索与思考[J].中小学信息技术教,2015,(6):9-11.

[60] 郭善渡.大力推进智能机器人进入中小学的进程:郭善渡先生访谈[J].中国信息技术教育,2006,(11):9-10.

[61] 郭善渡.郭善渡先生谈程序设计教学[J].中国信息技术教育,2007,(6):21.

[62] 孙秀萍.日本将编程列为小学必修课[N].环球时报,2019-03-29(5).

[63] 钱松岭,董玉琦.美国中小学计算机科学课程发展新动向及启示[J].中国电化教育,2016,(10):83-89.

[64] 卢蓓蓉,尹佳,高守林,等.计算机科学教育人人享有的机会:美国《K-12计算机科学框架》的特点与启示[J].电化教育研究,2017,(3):12-17.

[65] 中国教育报.为学生的终身发展奠定基础——解读普通高中课程方案和课程标准(2017年版)[N].2018-01-17.

[66] 李锋,柳瑞雪,任友群.确立核心素养,培养关键能力:高中信息技

术学科课程标准修订的再思考[J].全球教育展望,2018,(1):46-55.

[67] 吴旭日.聚焦核心素养注重探究实践:《普通高中信息技术课程标准(2017年版)》解读[J].福建基础教育研究,2018,(7):127-130.

[68] 肖广德,郭芳,樊磊,等.《普通高中信息技术课程标准》实施情况调研结果与启示[J].课程·教材·教法,2014,(1):50-55.

[69] 葛文双,傅钢善,史婷.我国中小学机器人教育发展中的问题分析[J].中国教育信息化,2008,(8):4-7.

[70] 龙安邦,余文森.我国基础教育课程改革与发展70年[J].课程·教材·教法,2019,(2):11-18.

[71] 弋草,王晶莹.信息技术课程标准对学科能力要求的嬗变[J].中小学电教,2019,(11):39-43.

[72] 钟柏昌,李艺.计算思维的概念演进与信息技术课程的价值追求[J].课程·教材·教法,2015,(7):87-93.

[73] 肖焕之.义务教育信息技术课程标准再思考[J].中小学信息技术教育,2009,(4):22-23.

[74] 王学男,林众,朱慧.基于科学素养的机器人教育与人才培养:访清华大学人工智能研究院院长张钹院士[J].中国电化教育,2019,(6):1-5.

[75] 罗朝猛."编程教育":日本中小学的必修课[J].教书育人,2018,(2):29-30.

[76] 吴帅.创新人才来自创新的基础教育[N].光明日报,2018-09-23.

[77] 苗逢春.中小学信息技术课程的系统规划与实施建议[J].信息技术教育,2005,(1):29-31.

[78] 钟柏昌,张禄.我国中小学机器人教育的现状调查与分析[J].中国电化教育,2015,(7):101-107.

[79] 汪霞.课程研究:从现代到后现代[D].上海:华东师范大学,2002.

[80] (美)Saeed B. Niku.机器人学导论:分析、系统及应用分析、系统及应用[M].孙富春,朱纪洪,刘国栋,等,译.北京:电子工业出版社,2004.

[81] 陆承景.对机器人学科教学目标和内容的实践与思考[J].中国电化教育,2006,(12):71-72.

[82] 刘瑞新.单片机原理及应用教程[M].北京:机械工业出版社,2004.

[83] 刘忠华.传统思维方式与创新思维[J].长白学刊,2001,(5):56.

[84] 王荣良.机器人教育与工程思维关系之研究[J].中国教育信息化,2008,(24):27-29.

[85] 黄馨,孔晶.STEAM教育支持的核心素养培养案例研究[J].中国教育技术装备,2019,(7):68-69.

[86] 王殿军.STEM:好理念怎样变成好课程[N].中国教育报,2018-06-13.

[87] 李雪.基于STEM教育理念的初中信息技术课程教学设计与实践[D].南宁:广西师范大学,2020.

[88] 何克抗.教学系统设计[M].北京:北京师范大学出版社,2002.

[89] 李叔恒.基于STEAM理念的小学机器人教育课程设计与实践研究[D].北京:中央民族大学,2020.

[90] 黛安娜·帕帕拉,萨莉·奥尔茨,露丝·费尔德曼.发展心理学:从生命早期到青春期[M].李西营,等,译.北京:人民邮电出版社,2013.

[91] 钟柏昌.中小学机器人教育的理论与实践[M].北京:科学出版社,2016.

[92] 李志恒,张忠辅,李宗平,牛惠民.专家评价法及其在科技立项中的应用[J].甘肃科学学报,1993,(03):70-74.

[93] 钱松岭.信息社会学课程开发理论与实践[M].北京:教育科学出版社,2015.

[94] 侯丽平.坚守与转向:文化转型与设计学课程设计的变革[M].北京:清华大学出版社,2016.

[95] 钟柏昌,张丽芳.美国STEM教育变革中"变革方程"的作用及其启示[J].中国电化教育研究,2014,(04):18-20.

[96] 张丽芳.基于STEM的Arduino机器人教学项目设计研究[D].南京:南京师范大学,2015.

[97] 贾丽.中学综合理科课程设置的研究[D].济南:山东师范大学,2013.

[98] 潘苏东.综合科学课程内容组织结构方式的分析[J].比较教育研究,2005(5):52.

后　　记

作为一门信息技术、教育学、心理学的交叉学科,特别是随着第四次工业革命的到来,认知神经科学与智能技术的迅猛发展、深化融合,使得STEM教育理念下的机器人课程建构,始终备受关注且处于一种动态变化之中。跨领域的学科融合性越来越深刻地发生在人们的社会生活、生产和教育、学习中,成为当下及未来重要的组成部分。

STEM教育作为跨学科综合教育的有效形态,已成为世界性教育发展与改革创新的趋势,并且在我国核心素养提出和新一轮课程改革深化的背景下,其已在我国教育政策、教育理论和教育实践的各个层面生根发芽,在不断本土化的过程中实现着教育的创新与探索。

基于这一背景,本书以中小学机器人课程为核心问题,扎根我国教育改革与发展创新的理论与实践,开展相关研究。本书系我作为课题主持人,承担的全国教育科学规划国家青年课题"STEM教育创新与实践:中小学机器人课程建设的研究"(课题准号:CEA180262)的研究成果。在课题研究中,通过理论思辨、国际比较、实证调查和课堂实践,开展了一系列研究。本研究以中小学机器人课程为对象和载体,在学科融合(STEM本土化)的基础上,结合深度学习的理论和我国核心素养的要求,通过对中美信息技术课程标准的对比、对我国全国范围内中小学信息技术教师的调查,来全面系统地了解我国信息技术课程与教学的现状与挑战。经过专家讨论与评议,以及在北京市西城区和海淀区的部分样本学校进行了为期2年的教学实践,进而提出了面向中小学阶段的机器人课程体系，其中包括课程定位、建构原则、课程目标与内容体系、课程实施。为了更好地面向实践、服务实践，本书还提供了小学和初中教学实践的教学设计案例，力求为教学实践提供更翔实、更生动、更具体的样例。

此外，非常值得一提的是，基于本课题研究开发的机器人教学平台——三维仿真机器人教学平台，也得到了人民教育出版社的认可，并在其官网上作为教材配套的数字教育资源，供大家下载使用，链接为 https://www.pep.com.cn/xxjs/，也恳请各位专家、学者、教师、同仁提出宝贵意见。

本书在兼顾国际视野和国内实践时，借助科学理论和实践现场的多个维度，力求为我国 STEM 教育的本土化和信息科技教学改革与教育理论等各方面，提供一些实践的经验和理论的探讨。

这项研究成果得以形成，应当归功于在研究过程中给予过大力支持和帮助的各位领导、教师、教育界的同仁们！谨以此机会，向完成此书过程中给予我帮助的人致谢！

感谢清华大学人工智能研究院院长张钹院士接受课题组的访谈，从人工智能学科发展和人才培养的角度，与我们分享了基础教育阶段人工智能教育的重点，其在于"厚基础、重兴趣"以及科学精神的培养，并且提出了相应的教学方法。

感谢人民教育出版社课程教材研究所信息技术编辑室主任、编审林众，在课题研究的整个过程中，从国家课程标准、教材研发、数字资源建设、课堂教学实践、国家教师培训等多个方面给予了专业的指导与把关。

感谢北京市海淀区西城区小学信息技术教研员朱慧老师、黄城根小学王明阳老师、复兴门外第一小学张亚辉老师的大力支持。北京市海淀区民族小学的时利娜老师、曹雅芳老师、兰绍芳老师、关越老师、张博老师等，对课题研究的教学实践进行了长达 2 年的"浸入式"投入与深度参与。当然，在课题研究过程中，还有北京市这两区的其他中小学的信息技术老师参与其中。没有他们的支持，就没有课题研究成果的不断完善。

感谢北京师范大学认知神经科学与学习国家重点实验室脑与认知科学研究院周新林教授带领的团队,包括虎雨薇老师、石凯会老师、袁莉老师,在理论上、技术上、实施上为课题组的学生认知的发展与评估提供无偿支持与帮助。

感谢北京师范大学刘儒德教授,北京师范大学智慧学习研究院副院长曾海军博士,首都师范大学教育学院、科学教育研究中心主任丁邦平教授,首都师范大学初等教育学院律原副教授,中国教育科学研究院教育战略与宏观政策研究所所长吴霓研究员,课程教材研究所郝志军所长、杨颖东副研究员等,在课题推进过程中的指导与帮助。

感谢北京益华盛欣科技有限公司的工程师黑呈龙,在教学平台的研发方面给予的鼎力支持。

感谢我院众多领导、同事们的鼓励与帮助。

感谢北京邮电大学出版社的刘纳新老师和姚顺老师对本书选题的认可,并在上报选题、编辑、出版的过程中给予的帮助。

最后,还要感谢我的爱人和父母,作为家人,他们给予我无尽且不求回报的支持与包容。

2022 年 1 月 21 日
于中国教育科学研究院